学术规范与论文写作

宋俊玲　李修乾　尹　艳　郭　琳　崔晓莉　编著

兵器工业出版社

内 容 简 介

本书详细讨论了信息检索、科技论文前置部分、正文和后置部分的写作方法；介绍了图表的制作等内容；探讨了论文投稿和发表过程中，与期刊编辑部交流时的注意事项；探讨了学位论文撰写的格式和基本写作要求；介绍了学术道德与学术规范相关法规及相关案例。

本书可以作为高年级本科生、研究生的参考教材，也可以为工程技术领域广大科技人员提供实战性参考。

图书在版编目（CIP）数据

学术规范与论文写作 / 宋俊玲等编著. -- 北京：兵器工业出版社，2024.4
ISBN 978-7-5181-0981-4

Ⅰ.①学… Ⅱ.①宋… Ⅲ.①科学研究工作－规范②论文－写作 Ⅳ.①G31-65②H152.3

中国国家版本馆CIP数据核字(2023)第204757号

出版发行：兵器工业出版社		责任编辑：杨 震 曹宁宁		
发行电话：010 - 68962596，68962591		封面设计：崔 玥		
邮　　编：100089		责任校对：周金昌		
地　　址：北京市海淀区车道沟10号		责任印制：王京华		
经　　销：各地新华书店		开　本：710×1000　1/16		
印　　刷：北京银祥印刷有限公司		印　张：14		
版　　次：2024年4月第1版第1次印刷		字　数：241千字		
		定　价：78.00元		

（版权所有　翻印必究　印装有误　负责调换）

前　言

　　科技论文是科技工作者必备的基本技能之一。作者博士毕业十余年，一直在航天工程大学从事科研和工作。记得读研究生时，作者撰写第一篇论文后，信心满满交给导师洪延姬研究员，随后收到了洪老师标注的密密麻麻的修改稿，从论文中的文字表述到图表的展示，都给了详细的修改意见。随后的研究和工作中，洪老师严谨求实的治学精神和认真细致的研究态度一直影响着作者。

　　此书是作者从事科研、教学和审稿工作的切身体会和经验总结。从科技论文的结构和特点入手，详细介绍了论文前置、主体、后置部分的写作方法和技巧，文献检索方法，图、表的制作要点，论文期刊投稿的方法，学位论文撰写的要求和学术道德与学术规范相关内容。本书适合在校高年级本科生、硕士研究生、博士研究生和青年科研工作者，书中在介绍理论知识的同时，列举了很多例子，这些例子都是作者阅读或发表过的文章，旨在帮助和提醒大家规范科研成果的表达，提高科研水平。

　　本书在写作过程中，参考了大量参考文献的珍贵资料，包括关小红教授、穆献中教授等学者的研究成果；复旦大学研究生院编著的学术道德教育系列丛书；《航空学报》、《强激光与粒子束》、Journal of Propulsion and Power 等学术期刊的读者须知和编辑意见；小木虫、百度文库、中国知网等大量网络文献资料，谨致诚挚谢意。

　　在写作本书的过程中，深切感受到编写一本科技论文在写作与发表方面的实用型参考书，的确难度很大。作者在编写过程中不求面面俱到，只是跟大家交流自己的点滴体会，尽量把需要提醒的关键点写出来。如果本书能够对广大读者特别是工程技术领域的科技人员起到抛砖引玉的作用，作者就很高兴了；如果读者朋友觉得本书还有一点点特色的话，作者就心满意足了。

　　第1章和第3章由李修乾、尹艳执笔，第4章至第9章由宋俊玲、李修乾执笔，第2章由郭琳、尹艳执笔，第10章和第11章由宋俊玲执笔，

第 12 章由尹艳、崔晓莉执笔。宋俊玲和李修乾负责全书的内容规划及统稿工作。

由于作者水平有限，书中很多观点只是作者的粗浅体会，错误之处在所难免，恳请广大读者不吝赐教。

作　者

2023 年 9 月 28 日

目　　录

第1章　绪论 … 1

1.1　写作和发表科技论文的重要性 … 1
1.1.1　科研工作的本质特点 … 1
1.1.2　科研工作中的时间分配 … 2
1.2　什么是科技论文 … 3
1.3　科技论文的特点 … 3
1.3.1　科学性 … 4
1.3.2　学术性 … 4
1.3.3　创新性 … 4
1.3.4　规范性 … 5
1.3.5　专业性 … 5
1.4　科技论文的分类 … 5
1.5　科技论文的有效发表 … 7
1.6　科技论文的结构 … 8
1.7　应该发表什么样的科技论文 … 8
1.7.1　一点之见即成文 … 8
1.7.2　要有学术敏锐性 … 9
1.7.3　要有信心更要有高标准 … 9
参考文献 … 10

第2章　信息资源检索与利用 … 11

2.1　信息检索概述 … 11
2.1.1　对信息检索的认识 … 11

2.1.2　信息检索能力 …………………………………………… 14
　2.2　信息检索原理与方法 …………………………………………… 14
　　2.2.1　基本原理 ………………………………………………… 14
　　2.2.2　常见方法 ………………………………………………… 15
　　2.2.3　主要技术 ………………………………………………… 17
　2.3　信息检索主要途径 ……………………………………………… 20
　　2.3.1　利用搜索引擎 …………………………………………… 20
　　2.3.2　利用信息推送服务 ……………………………………… 37
　2.4　信息检索基本流程 ……………………………………………… 39
　　2.4.1　分析检索问题 …………………………………………… 40
　　2.4.2　选择合适的检索工具 …………………………………… 40
　　2.4.3　抽取关键词 ……………………………………………… 42
　　2.4.4　构造检索式 ……………………………………………… 43
　　2.4.5　结果筛选与调整检索策略 ……………………………… 45
　　2.4.6　案例分析 ………………………………………………… 46
　2.5　信息检索在科技论文写作中的应用 …………………………… 49
　　2.5.1　科技查新 ………………………………………………… 50
　　2.5.2　检索研究背景信息 ……………………………………… 53
　参考文献 …………………………………………………………………… 54

第3章　科技论文前置部分的写作 ………………………………… 55

　3.1　论文题目 ………………………………………………………… 55
　　3.1.1　题目撰写的基本要求 …………………………………… 55
　　3.1.2　常见问题 ………………………………………………… 58
　　3.1.3　英文题名的句式类型 …………………………………… 60
　　3.1.4　英文题名的句法与表达 ………………………………… 62
　3.2　作者和地址的标署 ……………………………………………… 64
　　3.2.1　一般规则 ………………………………………………… 64
　　3.2.2　通信作者、共同第一作者和第一作者的区别 ………… 64
　　3.2.3　正确而一致的署名方式 ………………………………… 65

目 录

- 3.2.4 作者地址的标注 ··· 66
- 3.3 摘要 ··· 67
  - 3.3.1 摘要的功能 ··· 67
  - 3.3.2 摘要的分类 ··· 67
  - 3.3.3 一般写法 ·· 68
  - 3.3.4 英文摘要 ·· 69
- 3.4 关键词 ·· 72
  - 3.4.1 关键词的作用 ·· 72
  - 3.4.2 关键词的选取方法 ·· 73
  - 3.4.3 关键词选取中存在的问题 ·· 74
- 3.5 中图分类号 ·· 74
- 3.6 文献标识码 ·· 74
- 参考文献 ·· 75

第 4 章 科技论文引言的写作 ··· 76

- 4.1 引言的作用 ·· 76
- 4.2 引言的主要内容 ·· 76
- 4.3 注意事项 ··· 79
- 4.4 写作实例 ··· 80
- 参考文献 ·· 82

第 5 章 科技论文材料和方法的写作 ······································· 83

- 5.1 材料和方法部分的重要性 ·· 83
- 5.2 写作要点 ··· 84
  - 5.2.1 对材料的描述要清楚、准确 ····································· 84
  - 5.2.2 对方法的描述要详略得当、重点突出 ························· 84
  - 5.2.3 测量与分析 ··· 85
  - 5.2.4 使用参考文献 ·· 85
  - 5.2.5 图和表 ··· 86
- 5.3 写作实例 ··· 86

参考文献 ………………………………………………………… 91

第6章 科技论文结果与讨论的写作 ………………………… 92

6.1 结果部分的写作内容 ………………………………………… 92
6.2 数据的处理 …………………………………………………… 92
6.3 结果力求简洁清晰 …………………………………………… 93
6.4 讨论部分的写作重点 ………………………………………… 94
6.5 常见问题 ……………………………………………………… 94
    6.5.1 推论不符合逻辑 ……………………………………… 94
    6.5.2 讨论不系统 …………………………………………… 95
    6.5.3 空话和重复 …………………………………………… 96
    6.5.4 回避研究的局限性 …………………………………… 96
6.6 结论 …………………………………………………………… 96
6.7 结果、讨论和结论的侧重点 ………………………………… 97
6.8 写作实例 ……………………………………………………… 97
参考文献 ………………………………………………………… 107

第7章 科技论文图表的制作 …………………………………… 108

7.1 如何设计表格 ………………………………………………… 108
    7.1.1 表题（caption） ……………………………………… 108
    7.1.2 表头（heading） ……………………………………… 109
    7.1.3 线条（lines） ………………………………………… 109
    7.1.4 数字（data） ………………………………………… 110
    7.1.5 表注（footnotes） …………………………………… 110
    7.1.6 位置（placement） …………………………………… 111
    7.1.7 正文引述（describe） ………………………………… 111
    7.1.8 表格绘制原则 ………………………………………… 111
7.2 如何绘制插图 ………………………………………………… 112
    7.2.1 插图的基本要求 ……………………………………… 112
    7.2.2 插图绘制的原则 ……………………………………… 115

    7.2.3　插图应用举例 ……………………………………………………… 115

    7.2.4　插图还是表格 ……………………………………………………… 122

参考文献 …………………………………………………………………………… 124

第8章　科技论文后置部分的写作 ……………………………………………… 126

8.1　参考文献的写作 ……………………………………………………………… 126

    8.1.1　参考文献的重要性 …………………………………………………… 126

    8.1.2　应该引用什么样的参考文献 ………………………………………… 126

    8.1.3　参考文献的著录格式 ………………………………………………… 127

    8.1.4　典型期刊对参考文献的著录要求 …………………………………… 129

    8.1.5　利用 Endnote 软件输出所需样式 …………………………………… 131

8.2　致谢的写作 …………………………………………………………………… 132

参考文献 …………………………………………………………………………… 133

第9章　论文的投稿与发表 ………………………………………………………… 134

9.1　期刊的选择 …………………………………………………………………… 134

    9.1.1　最简单的方法 ………………………………………………………… 134

    9.1.2　选刊的几个原则 ……………………………………………………… 135

9.2　网上投稿 ……………………………………………………………………… 138

9.3　投稿后的通信联络 …………………………………………………………… 140

9.4　同行评议 ……………………………………………………………………… 140

    9.4.1　同行评议制度的形式 ………………………………………………… 141

    9.4.2　同行评议关注的主要内容 …………………………………………… 142

    9.4.3　同行评议存在的问题 ………………………………………………… 143

    9.4.4　审稿人的道德责任 …………………………………………………… 144

    9.4.5　审稿人的推荐与回避 ………………………………………………… 144

9.5　审稿意见的处理 ……………………………………………………………… 145

9.6　结束语 ………………………………………………………………………… 146

参考文献 …………………………………………………………………………… 146

第 10 章 学位论文的写作 ... 147

10.1 学位论文的目的和规范 ... 147
10.2 文献收集和整理 ... 148
10.3 论文选题与可行性论证 ... 149
10.3.1 论文的选题原则 ... 149
10.3.2 论文的可行性论证 ... 150
10.3.3 与导师的沟通技巧 ... 151
10.4 学位论文撰写方法 ... 151
10.4.1 学位论文提纲撰写 ... 151
10.4.2 学位论文摘要的撰写 ... 153
10.4.3 学位论文正文的撰写 ... 153
10.4.4 学位论文的附件撰写 ... 158
10.4.5 用 Office 软件编辑学位论文的技巧 ... 160
10.5 论文答辩及后期事宜 ... 164
10.5.1 论文评阅程序 ... 164
10.5.2 论文答辩 ... 165
10.5.3 学位论文的修改 ... 166
参考文献 ... 166

第 11 章 学术道德与学术规范 ... 167

11.1 学术道德与学术规范的含义 ... 167
11.2 学术道德基本准则 ... 168
11.3 学术道德与学术规范的相关规定 ... 170
11.4 学术不端行为包括哪些方面 ... 170
11.5 学术诚信的技术保障 ... 173
参考文献 ... 176

第 12 章 科技专著的写作与出版 ... 177

12.1 科技专著的基本概念 ... 177

  12.1.1 科技专著的定义 ……………………………………… 177
  12.1.2 科技专著的分类 ……………………………………… 178
  12.1.3 科技专著的内容结构和形式结构 …………………… 179
 12.2 科技专著的组成部分 ………………………………………… 179
  12.2.1 题名、层次标题和作者署名 ………………………… 179
  12.2.2 引言 …………………………………………………… 181
  12.2.3 正文 …………………………………………………… 182
  12.2.4 结论 …………………………………………………… 183
  12.2.5 附录 …………………………………………………… 183
  12.2.6 参考文献 ……………………………………………… 183
 12.3 科技专著中语言文字的规范 ………………………………… 185
 12.4 科技专著的出版 ……………………………………………… 186

附录 I 比较复杂的典型审稿意见和修改说明 ……………………… 187

附录 II 英文学术论文常用句型 ………………………………………… 202

第1章 绪 论

1.1 写作和发表科技论文的重要性

1.1.1 科研工作的本质特点

生物学家达尔文说过:"如果一个自然科学家只需要观察和实验,而不需要写作,那么他的生活将会变得非常幸福。"[1]由此可见,科技论文的写作是一件苦差事(图1-1)。那么,作为一名科研工作者,为什么还要撰写并发表科技论文呢?这是由科研工作本身的特点所决定的。

图1-1 辛苦的科技论文写作

一项科学研究工作,无论研究结论多么重要,只有在结论得以发表公之于众之后才算圆满结束。发表后的新的科研成果才能得到认可,并得以添加到已有的科学知识宝库中。评估包括研究生在内的研究人员的首要标准,不是他们在实验室使用设备的熟练程度,不是他们对自己所属的或大或小的科研领域有多么深入的见地,当然也不是他们多么聪明或多么有魅力,而是他们发表的文章。大家可能也有这样的体会,有些科研人员文章写得好,经常发表高质量的科技论文,在领域内日渐成名;而有些科研人员则一直默默无闻。

现在世界领域通行的对科研人员的重要评价标准之一就是高水平的科技论文。研究生申请学位需要发表论文,科研人员评职称、申请课题、科技成果奖评审等(图1-2),都需要高水平论文做支撑。可以说,如果没有发表过科技论文,那么一个科研人员的职业生涯将难以维系。因此,科技论文的写作与发表可以说是关系"生死存亡"的大事,学术界盛行的"要么发表要么灭亡"的观点不无道理。

图1-2 为什么写作和发表科技论文

科技论文的写作和发表过程对于个人而言,也是自身学术水平总结提高的过程。在写作过程中,经常会发现研究工作中尚需进一步完善的地方,比如需要补充完善部分实验内容、修改完善理论模型、进一步开展数值模拟研究等。在论文发表过程中,审稿专家提出的修改意见,一般都很有参考价值,这种非面对面的学术交流,对科技人员的帮助是很大的。

1.1.2 科研工作中的时间分配

据美国科学基金会(National Science Foundation,NSF)统计,一个科研人员花费在查找和消化科技资料上的时间需占全部科研时间的51%,计划思考占8%,实验研究占32%,书面总结占9%。由上述统计数字可以看出,科研人员花费在科技出版物上的时间为全部科研时间的60%[2],如

图1-3所示。

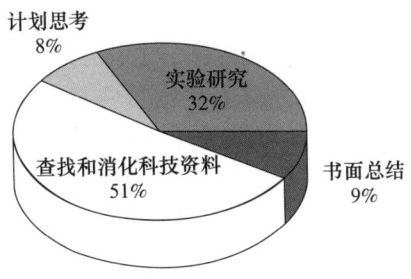

图1-3 科研人员的时间分配[2]

1.2 什么是科技论文

科技论文是由科技工作者对其创造性研究成果进行理论分析和科学总结，并得以公开发表或通过答辩的科技写作文体。一篇完备的科技论文，应该按一定的格式书写，还应该按照一定的方式发表，即有效出版。

英国学者奥康纳认为，科学论文应该论述一些重要的实验性的、理论性的或观测性的新知识，或一些已知原理在实际应用中的进展情况。

国家标准 GB/T 7713.2—2022《学术论文编写规则》，将学术论文定义为："某一学术课题在实验性、理论性或观测性上具有新的科学研究成果或创新见解和知识的科学记录；或是某种已知原理应用于实际中取得新进展的科学总结，用以提供学术会议上宣读、交流或讨论；或在学术刊物上发表；或作其他用途的书面文件。"

《学术论文编写规则》中所指学术论文应满足如下条件：

(1) 论文在格式上应基本包含题名、作者、单位、摘要、关键词、正文、结论、参考文献等内容。

(2) 论文所展现的形式或载体应为学术会议论文集、学术刊物，或者是学术出版的新业态——网络出版。

1.3 科技论文的特点

科技论文属于论说文，但不是一般的论说文。它是一种对科技领域内的某一课题进行探讨、研究、分析、论证的规范性说理文体，是论说文的高级形式。

一篇高水平的论文不仅要有科学的分析论证，独到的学术见解，而且还要做到结构严谨、层次清楚、语句通顺、用词准确，有较高的可读性，才能被相应的期刊杂志所接受，得以尽快发表。科技论文写作的质量不但表明作者的学术水平和表达能力，也直接影响刊登该文的期刊水平。

科技论文的特点有科学性、学术性、创新性、规范性和专业性。

1.3.1 科学性

科学性是科技论文的基本属性，也是科技论文的灵魂。科技论文是科学研究、科学实验和工程技术设计成果的书面表述，是对所获得成果的记录、提炼和总结。

从事科学研究和表述科学研究成果首先要实事求是。具体表现为：
（1）内容真实可信、可重复、能够为实践检验。
（2）数据、结果忠于事实和材料。
（3）论点、论据与论证逻辑一致。
（4）论文真实地揭示客观事物及其演化的本质和规律。

1.3.2 学术性

科技论文以学术问题为论题，以学术成果为表述对象，以学术见解为文章的核心内容。学术性是科技论文的本质特征。突出表现在：
（1）对观测、调查、统计或实验结果须进行科学抽象、分析和讨论，并提出理论观点或学说。
（2）对观点、见解或假说须进行充分的理论思辨或逻辑论证。
（3）对应用性新成果须从一定的理论高度进行分析和总结。
（4）对相关研究须具有启发、借鉴、参考或指导意义，特别需要具有展开探讨、商榷、批评或争论的价值。

1.3.3 创新性

科学研究是处理已知信息、获取新信息的一种创造性精神劳动。发表科技成果的论文，贵在创新。创新性是衡量科技论文价值的根本标准。

创新是指在有意义的时空范围内率先推出有价值的新事物。科技论文创新可以表现在以下诸多方面（又不仅囿于此）：
（1）填补科学研究的空白，提出新发现、新方法、新理论。

(2) 对过去科学研究成果的再完善、再发展。
(3) 对别人观点的批判性接受及自己理论依据和观点的提出。
(4) 对前任观点的批判或推翻。
(5) 对前任科学工作的系统性总结和展望。

利用相对论观点，可以将创新总结为：人无我有，人有我新，人新我实（物理实现/可操作性），人实我通（通用性）。

1.3.4 规范性

科技论文的发表是科技信息和科技知识的传递与扩散过程。规范性是科技论文传播交流并发挥作用的重要保障。

《出版物管理条例》详细规定了出版物的规格、开本、版式、装帧、校对等必须符合国家标准的要求，保证出版物的质量。

每一种期刊都通过"作者须知"或者"投稿须知"对投稿论文提出了明确的要求，每一篇投稿论文必须满足拟投期刊提出的规范性。

1.3.5 专业性

科学研究、科学实验和工程技术设计的课题，通常总是属于某一专业领域范围，在科技论文的写作过程中，无论从选题选材到谋篇布局、语言表达，以及读者对象的考虑等方面，都有着明显的专业性。科技论文所使用的语言，全部都是为了便于表达精确、精细的学术思想。

科技论文的写作不需要任何修辞手法，只要简洁、清晰而且有逻辑地把问题表达清楚即可。"最好的英语就是用最少的文字把意思讲清楚"，这句话很恰当地表达清楚了英文科技论文写作的语言特点，中文科技论文也是同样的道理。

1.4 科技论文的分类

科技论文的分类方法有很多，按照写作目的和用途，可以分为期刊论文、学位论文等，这里主要讨论期刊论文的写作与发表。按照研究性质和写作方法分类，科技论文主要包括四种类型：实验性论文、报道性论文、理论性论文、综述性论文。

其中，实验性论文一般包括引言、实验方法、实验结果（数据）、对实验结果的分析、结论等部分内容。

报道性论文是指报道某一项科学发现,这一发现不是通过实验而是通过野外调查发现的,一般包括引言、研究区域概况、对所发现现象的叙述、解释、科学意义、结论等部分内容。

理论性论文一般是提出一种理论或者计算方法,一般包括:引言,理论的提出、推导、证明等,理论的验证,理论的应用(算例,或者应用意义),结论等部分内容。

综述性论文综述某一领域中的最新进展,应该有述有评,而不只是前人工作的罗列;要有综述者自己的观点和对他人工作的评价,指出不足之处和解决问题的设想,以及今后的研究方向;应该归纳出几个热点或前沿问题,展开叙述,不要像记流水账似的,面面俱到;既要查阅大量文献,又要有所取舍,突出精华,要对文献仔细消化之后再动笔,切忌机械罗列。要有对未来发展的展望,对他人的研究起到指导作用;尽量引用最新的参考文献,体现时效性;尽可能阅读原始文献。

综述性论文并不是知名专家教授的专利,研究生等青年学者也可以在这一方面大有作为。中国科技大学研究生陈小龙在美国期刊《化学评论》(世界化学化工界最权威的期刊)上发表的《顺丁烯二酸酐结构天然化合物》综述性评论论文(图1-4),几乎查阅了世界上所有这方面的研究成果,全文共54页,截止到2023年9月该论文被引用97次,该期刊2023的影响因子高达72.09。这个例子给学者提供了很好的学习榜样。

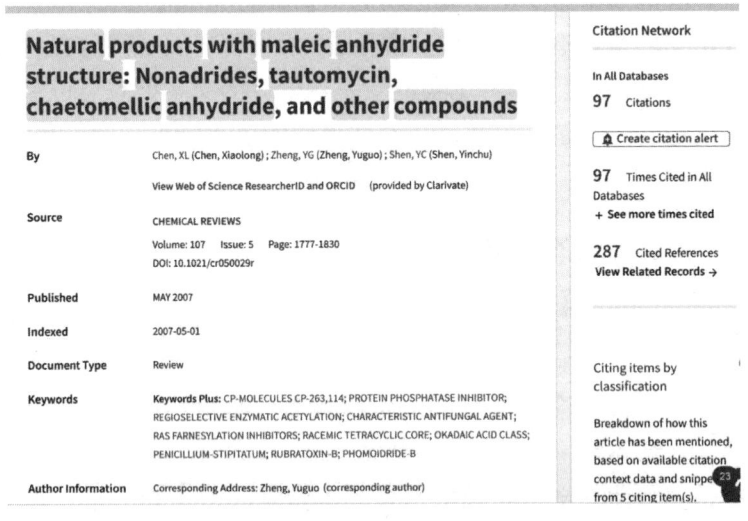

图1-4 学者陈小龙发表的高水平综述性论文摘要图示

1.5 科技论文的有效发表

一篇科技论文,怎样才算有效发表?生物编辑委员会(CBE),也就是现在的科学编辑委员会(CSE),于1968年给出了如下定义[1]:一篇有效发表的科技论文应该将足够多的科技信息首次公布出来,以便科技同行们可以获取科技成果、重复科技实验、评估科技过程。此外,该论文还应该以能够为人获取的形式存在,并无条件允许科技同行获取;该论文还要能被一个或多个主要的二次文献(如美国的生物摘要、化学摘要、医药索引、药学节录、农业参考等,其他国家亦有类似的二次文献)所筛选。

可以将上述CBE给出的定义用简单但不太准确的语言来重新表述[1]:有效发表是具原创性的科技成果的首次发表,必须是以能为科技同行重复和检验的方式发表(这里尊重参考文献原文,不做修改),必须是发表在能为科学界获取的期刊或其他形式的出版物上。不过要强调的是,定义中指出的"科技同行"通常是指论文出版前的审稿人。因此按照CBE的定义,科技论文都应是发表在采用同行评议的出版物上。

根据上述定义,得到如下结论:

(1)在国内(国际)学术会议上交流,并将会议论文简单装订成册,没有经过任何出版社正式出版,也没有被任何数据库(万方、维普等)收录等文章,不能算作正式发表。

(2)在国内(国际)会议上交流,并将论文汇编经过出版社正式出版,并被有关数据库收录的,应该算作正式发表。比如:美国物理学会(America Institute of Physics, AIP)承办的学术会议,论文集一般都会正式出版,并被ISTP收录;国内承办的很多学术会议论文集,也会被EI等收录。这些会议论文都算有效发表;作者建议大家重视在国内外重要学术会议上的学术交流,因为这样就直接宣传了你的研究工作,同时也与相关领域的学者进行了很好的交流,美国等国外学者更看中这类论文。

(3)如果为了扩大交流范围,将用母语发表的科技论文,翻译为英文发表在国际期刊上是可以的,但是必须在英文论文中标注初始以母语发表的论文为参考文献,并注明本文的原始结果已经在初始文章中报道过;反之亦然。这样就不算重复发表,当前国际学术领域是认可的。当然,这种情况下统计个人的学术成果时,最好是只统计为1篇。

还需要指出一点,上述定义没有综述性论文,其实这一类论文在学术界也是被高度重视的，作者认为只要符合第二条和第三条要求的综述性论文也是有效发表的科技论文。

1.6 科技论文的结构

论文的作者必须回答以下4个问题：
（1）你为何要开始（Why did you start）？
（2）你做了什么（What did you do）？
（3）你发现了什么（What did you find）？
（4）它的意义是什么（What does it mean）？

这4个问题在论文中有固定的格式来阐述和回答，即论文的IMRAD结构：引言（Introduction）、材料与方法（Materials and methods）、结果（Results）和讨论（Discussion）。再加上题目（Title）、摘要（Abstract）、关键词（Key words）、致谢（Acknowledgements）和参考文献（References），构成一篇完整的论文。

1.7 应该发表什么样的科技论文

1.7.1 一点之见即成文

作者最近10多年以来，主要从事应用激光和航天推进方面的研究工作，撰写和发表激光推进方面的论文居多，这些论文包括了实验测试系统的设计、实验方法的改进、推进性能的实验研究、推进性能的理论和数值模拟研究等。例如发表在《军械工程学院学报》上的《激光推力器液体工质注入系统设计》[4]，所用的研究方法都是航天领域比较成熟的方法，但是作者用成熟的方法完成了液体工质激光推进实验研究中的一个难题，较好地解决了工质注入的实时性和浪费问题，这样的文章就有新意，就值得发表。这篇文章刊发在2006年第1期第1页上。后来，这一套设计还成功申报了国家发明专利。

也就是说，一点之见即成文，一篇科技论文能够解决一个小问题，有一个或者两个（当然多了更好）小小的创新点，就完全够了。这里所说的创新点未必是原始创新，以 Nature 和 Science 为代表的顶级期刊当然是需要原始创新的，但是对于大部分期刊而言，集成创新就够了。

1.7.2　要有学术敏锐性

很多读者在自己写作时可能会有这样的疑问：我也完成了很多任务，为什么觉得无从写起？

最重要的原因可能还是研究工作开展得不够深入。有很多人只是忙于应付上级安排下来的任务，大部分时间是在利用成熟方法完成略有不同的任务。例如，有些人可以一直在用一种轨道控制方法，完成不同航天发射任务的轨道控制工作，而自己并没有深入研究这里面的科学问题。比如，研究一下是否可以改进轨道控制方法，哪怕这是一种非常成熟的经典方法，在完成实际任务时还是有需要改进的空间的。又如，研究一下如何把某一次航天发射的一个很小的控制任务，完成得更加出色、更加容易。

2004年暑假期间，作者在和同事一起撰写研究报告时，比较敏锐地感觉到，以"激光推力器概念设计研究现状及发展趋势"[5]为题，撰写一篇科技论文。由于国内的激光推进研究工作，21世纪初才刚刚起步；激光推进器是整个激光推进系统的核心之一，是一个研究热点，国内外相关领域的学者都很重视。系统总结某一方向的研究现状和发展趋势，能够对国内的相关科技人员提供较好的参考。

经过努力，作者主笔撰写了这一论文。也获得了相关专家的认可，于2005年3月，顺利刊发在国内优秀学术期刊《强激光与粒子束》上。正式发表之后，论文受到了相关领域科技人员的较高关注。

1.7.3　要有信心更要有高标准

研究生在学期间任务单一，容易出高水平成果，特别是博士生阶段，是高水平成果的高产期。很多研究生在学期间出了高水平学术成果，发表了高水平论文。这个阶段一定要严格要求自己，以自己的优秀师兄师姐为榜样，要坚信他们能够在 Nature 和 Science 上发表论文，自己也可以，他们能够发表 SCI 一区的论文，自己也当仁不让，只有这样才能使自己变得更加优秀。研究生学员只有把研究工作做扎实，产出一些比较好的学术成果，才能写出优秀学位论文。

在接下来的章节中，将紧密结合作者的科技论文写作与发表实践，结合授课过程中学生关心的问题，用非常平实的语言，与大家交流科技论文的一般写作方法和技巧，适当举例说明问题。作者将尽其所能，把心得体会写出来，与大家分享，希望能够对读者的科技论文写作与发表有所帮助。

参考文献

［1］ Barbara Gastel，Robert A. Day. 科技论文写作与发表教程［M］. 任治刚，译. 8 版. 北京：电子工业出版社，2018：1－10.

［2］ 吴旭干. 科研人员的时间分配［EB/OL］.（2010－09－09）［2023－09－26］http：//blog. sciencenet. cn/home. php? mod = space&uid = 475649&do = blog&id = 361188.

［3］ Natural products with maleic anhydride structure：Nonadrides，tautomycin，chaetomellic anhydride，and other［EB/OL］.（2023－09－26）［2023－09－26］compoundshttps：//www－webofscience－com－s. libyc. nudt. edu. cn/wos/alldb/full－record/WOS：000246312600009.

［4］ 李修乾，洪延姬，陈景鹏，等. 激光推力器液体工质注入系统设计［J］. 军械工程学院学报，2006，18（1）：1－4，8.

［5］ 李修乾，洪延姬，何国强，等. 激光推力器概念设计研究现状及发展趋势［J］. 强激光与粒子束，2005，17（3）：363－368.

第2章 信息资源检索与利用

信息检索是指在一定信息需求驱使下，利用现有信息资源有效获取所需信息内容的活动及过程。科研学术工作通常始于文献信息的检索与利用，又最终形成文献信息资源与成果。通过检索、阅读和学习文献，能够了解到前人尚未解决或解决不彻底的问题；了解前人已经得出的结论，但目前尚存争议的问题。了解到这些尚未解决、解决不彻底或尚存争议的问题之后，激发自己的科研灵感，随后拟定研究方向和题目，并逐步展开实验、研究与总结。上述所有的过程实际是文献信息资源检索与利用的过程，信息检索是开展科研工作最基本的技能，信息检索能力在一定程度上决定着科研学术工作的广度和深度。本章主要介绍信息检索的基本内涵、原理方法、检索途径、检索流程等相关知识。

2.1 信息检索概述

2.1.1 对信息检索的认识

从系统论角度，信息检索涵盖信息需求者（包括科研工作者、学生和一般用户等）、文献信息资源（包括网络信息、知识、学术文献等）、检索方法途径等相关内容。本节重点从科研学术的角度对信息检索相关概念内涵进行介绍。

1. 学术文献资源

按照传统的概念定义，学术文献通常分为零次文献、一次文献、二次文献和三次文献等。其中，零次文献包括书信、论文手稿、笔记等；一次文献包括图书、期刊、会议文献、学位论文、专利文献、标准文献、科技报告、政府出版物、产品目录、档案等，一次文献的内容具有独创性特点，是作者本人的工作经验、观察或者实际研究成果，该种文献内容具有先进性和新颖性，反映了相关领域最新研究成果；二次文献通常是对一次文献的综合整理，如索引、目录等；三次文献是在一、二次文献的基础上，经过综合分析而编写出来的文献，人们常把这类文献称为"情报研究"的成果，如综述、专题述评、学科年度总结、进展报告、数据手册、百科知识等。

这些不同形式的学术文献都有对应的网络信息资源，而且随着时代的发展，我们也看到今天新出版的各种学术文献都采用数字版本同时发行，甚至只有数字版本的形式。但是，这些不同类型的学术信息往往需要使用不同的检索工具，目前主要的检索方式有两类：一类是学术搜索引擎，一些通用搜索引擎提供的学术检索服务，还有一些专业的学术搜索引擎；第二类是学术信息资源数据库，国内外都有很多，如论文文献常见的 CNKI、Elsevier 等，专利文献常见的 USPTO（美国专利商标局）等。

2. 信息检索的概念

信息检索，是一种以确切信息需求为导引、以信息检索系统为基础、以检索方法与技术为手段、以信息获得与利用为目的、以信息思维的统领为核心的智力活动及其过程。对信息检索含义的理解一般有广义和狭义之分。广义的信息检索包括信息存储和信息检索两个过程，是指将信息按一定方式收集、组织和存储起来，并根据信息用户的需求找出所需信息这一过程和技术，又称"信息存储和检索"（Information Storage and Retrieval）。

信息存储是指收集大量无序的信息，根据信息源的外部特征和内容特征，经过分类、标引等步骤加以处理使其系统化、有序化，并按一定的技术要求编制检索工具或建立检索系统，供人们检索和利用。信息检索则指利用编制好的检索工具或检索系统查找用户所需的特定信息。信息存储与信息检索是密不可分的两个过程，存储是为了检索，检索必须先存储。

从狭义上讲，信息检索仅指后一部分。信息资源的检索本质上是一个匹配的过程，即信息用户的需求和一定的信息集合的比较和选择的过程。换言之，也就是用户根据自己的需求提出的主题概念或提问表达式与一定的信息资源系统的检索语言相适应的过程，如果两者相匹配，则检索命中，否则检索失败。在通常情况下，提到"信息检索"时，一般只涉及"取"。这时的信息检索相当于人们通常所说的信息查询（Information Search），指依据一定的方法，从已经组织好的信息集合中，查找并获取特定需求信息的这一过程。这里的信息集合，往往指关于文献或信息的线索，得到检索结果后一般还要通过检索命中的文献或信息线索索取原始文献或信息。

3. 信息检索的作用

信息检索在科研学术方面的作用主要体现在以下两个方面[1]：

（1）发现研究点。利用信息检索技能，通过检索互联网学术平台和相关专业数据库，可以了解到学科领域的研究动态和发展前沿，再结合自己的专业特长，结合生活实际，检索阅读大量相关文献，找寻交叉研究空白领域，找寻到自己的科研兴趣开展研究。

（2）支撑科研设计与论文撰写。通过数据库相关主题的检索，可以了解课题的研究背景意义和研究现状，在选择研究方法和手段时，相关主题的优秀硕博论文里的路线和方法可供借鉴，充分利用检索得到的资料，借鉴前人的研究成果，有助于创新性科研课题的设计和论文的撰写。

4. 信息检索的未来发展

信息检索在检索对象、检索方式和服务方式等方面的发展趋势如下：

（1）信息检索的多样化。多样化首先表现在可以检索的信息形态多样化，如文本、声音、图像、动画。目前，网络信息检索的主体是文本信息，基于内容的检索技术和语音识别技术的发展，将使多媒体信息的检索变得逐渐普遍。多样化的第二个表现是检索工具向多国化、多语种化方向发展。网络的迅速发展，使得整个世界变成了地球村，世界各地上网人数不断增多，使得英语已无法满足所有用户的需要，语言障碍越来越明显。

（2）信息检索的智能化。智能化是网络信息检索未来主要的发展方向。智能检索是基于自然语言的检索形式，机器根据用户所提供的以自然语言表述的检索要求进行分析，而后形成检索策略进行搜索。用户所需要做的仅仅是告诉计算机想做什么，至于怎样实现则无须人工干预，这意味着用户将彻底从烦琐的规则中解脱出来。近几年来，智能信息检索（Intelligent Information Retrieval）作为人工智能（Artificial Intelligence，AI）的一个独立研究分支得到了迅速发展。在互联网技术迅速普及的今天，面向互联网的信息获取与精化技术已成为当代计算机科学与技术领域中迫切需要研究的课题，将人工智能技术应用于这一领域是人工智能走向应用的一种新的契机与突破口。

（3）信息检索的个性化。个性化检索也是将来重要的发展方向，不同的用户在检索同样的内容时，应该得到不同的结果，以更好地反映不同用户兴趣的差异。目前在电商推荐系统中，人们已经看到较为广泛的使用，部分学术搜索引擎也已经开始推广,将来的人们将会更为便捷和个性化地获取自己所需的信息资源。

2.1.2 信息检索能力

信息化的知识经济时代,信息、知识成为当今社会重要的战略资源,对信息和知识的获取、分析、利用和创新成为影响未来竞争成败的关键因素。因此,查找和搜索信息几乎是人类每天都在进行的活动,信息技术的大力发展为我们在海量信息中查找自己所需要的知识提供了极大的便利,善用搜索技术已成为网络时代人应该具备的一种重要技能。这种信息检索能力被学术界形象地称为"搜商",认为是人类继"智商""情商"之后的第三种能力,主要体现在信息检索与利用的"知源""知取""知用""知因"四个方面[2]:

(1)明确信息需求是什么,信息特点是什么,也就是要"知源"。

(2)掌握信息获取的手段和方法,能充分利用检索表达式在特定的数据库中实施检索,满足信息需求,也就是要"知取"。

(3)能从信息检索结果中选择有价值的部分作为研究素材,并对其进行分析与推理,也就是要"知用"。

(4)深入信息价值,明确获取和选择检索信息的根本原因,实现从检索到创造,从信息到知识的升华,也就是要"知因"。

这些目标共同构成了信息检索的基本问题,即查什么、何处查、如何查、如何用。

2.2 信息检索原理与方法

2.2.1 基本原理[3]

从广义的信息检索定义我们可以这样理解,信息检索就是人们借助于信息系统进行知识信息有效传递的全过程,这个过程包括信息存储与信息检索两个环节。信息存储是一种信息集合的形成过程,而信息检索就是针对用户需求集合,将信息用户的每一项信息请求同信息集合中的信息单元进行匹配与选择的过程。这个过程所遵循的检索原理就是利用共同一致的标志特征获取有效信息的原理,并涉及信息系统原理、数据库原理、检索语言构成原理等。信息存储与检索的过程如图2-1所示。

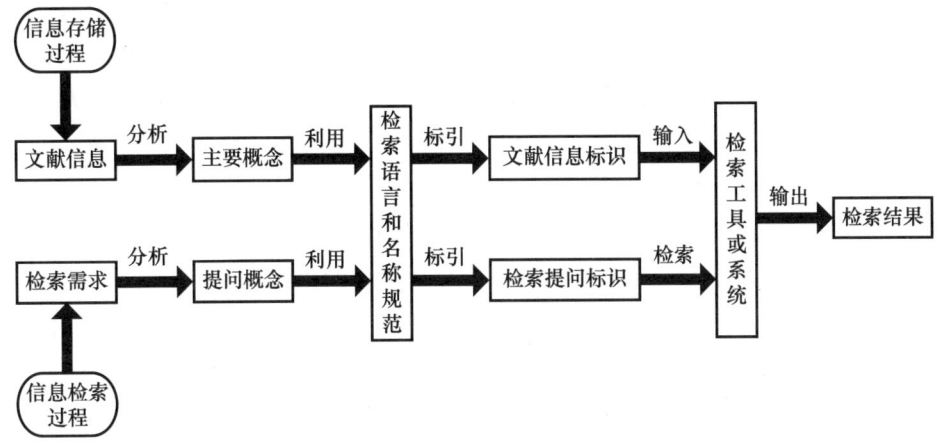

图 2-1 信息存储与检索的过程示意图

信息存储时，信息著录和标引人员首先对各种原始信息单元从外表到内容进行分析，将原始信息中的主题内容提取出来，形成若干能代表原始信息主题的概念，并转换成预先约定的检索语言（即标引标识，如主题词、分类号等）或名称规范标引出来，然后将这些文献信息标引标识按一定规则、方式存入信息系统，即形成检索工具或检索系统。

信息检索时，信息用户首先对检索课题进行内容分析，提炼出检索提问信息；然后根据信息存储过程中所采用的同一种检索语言，将检索提问信息转换成检索提问标识（如主题词、分类号等）；将检索提问标识输入信息系统，并与信息系统中已有的文献信息标识进行比较、匹配和选择，最后找出匹配度高的文献信息单元作为检索结果传递给用户，满足用户特定的信息需求。

通过分析得出，信息检索的实质就是将信息检索提问与信息系统中的特征标识进行比较匹配，使信息的存储与检索两个过程所采用的特征标识最终达到一致。同时，从信息检索的基本原理不难看出，检索语言在信息传递的全过程中起到了非常重要的作用，它是信息集合与信息需求匹配和选择的标准，是联系信息存储和检索两个过程的桥梁和纽带，它的正确使用决定信息系统的检索效率和效果。

2.2.2 常见方法

采用适当的检索方法和最佳检索途径，可以花费较少的人力、物力和时间,达到最佳的检索效果,使用户对特定信息需求获得最佳满足,包括用户努力最小、获取速度最快、费用最低、信息查全率和查准率都较高。检索方法依据检索手段划分,通常可分为手工检索和计算机检索两大类。其中手工检索方法是指直接利用印刷型检索工具进行信息检索的方法,其检索效率比较低,不常使用。

  计算机检索的核心是数据库,包括目录数据库、文摘数据库、全文数据库、超文本数据库和多媒体数据库等,所以计算机检索方法就是指在特定计算机检索系统的检索界面下,从数据库中检出所需信息的过程。计算机检索的对象是以光、电、磁为存储介质的现代电子信息产品,包括磁盘、磁带、光盘等脱机数据库和 DIAIOG、ORBIT、ESA 等大型联机数据库,以及 Internet、ChinaNet、CERNET、ChinaGBN 等网络信息资源。计算机检索方便快捷,信息用户只要熟悉信息检索的基本原理和方法技巧,就可以轻松获取所需信息。计算机检索能自动执行并简化和优化手工检索的原理和基本方法,所以从使用现状和发展前景等方面看,计算机检索必然成为现代信息检索的主流。计算机检索方法主要有命令检索、菜单检索、超文本检索、超媒体检索等。

  1. 命令检索

  由于不同的计算机检索系统所使用的计算机编程语言、操作系统、系统设计、用户界面等方面都各有差异,所以信息用户在检索所需信息时,必须使用一些特定的操作命令(包括操作指令和检索表达式)来实施检索。命令检索无论在光盘信息检索,还是联机信息检索和网络信息检索中都是最基本的检索方法。命令检索适用于有经验的用户,但对于一般用户而言,也必须熟悉,否则既浪费时间,也花费金钱(除免费共享信息外,大多数检索系统的数据库是有偿的),有时也会因误操作出现死机、乱码等不良现象。尤其对于一些大型的网络或联机信息检索系统,用户准确而熟练地使用命令检索方法就显得相当重要。除了使用一般操作命令外,其中关键的一环是如何准确使用"检索表达式",它包括简单检索表达式和复合检索表达式的应用方法和技巧。

  2. 菜单检索

  菜单检索是一种方便且易于掌握的检索方法。由于各种类型和功能的菜单被广泛应用于计算机检索系统,使用户检索界面更加友好,用户只要根据菜单的引导,通过确定适合的选项和功能键,就能一步一步地轻松完成检索操作。计算机检索中,光盘信息检索应用菜单检索方法最多,其次是联机信息检索。菜单检索的最大优点是简单、明确、易学、易用,不足之处是菜单操作步骤繁多,而且检索速度、查准效果和查全效果都大大低于命令检索方法。当然菜单检索过程不可能完全脱离命令检索操作,只是优化和精简了烦琐的命令操作而已,一些简捷的命令操作仍是必要的。

3. 超文本检索

超文本检索是一种查找网络信息资源的重要形式,是计算机网络技术发展的必然结果。超文本(Hypertext)是相对于传统文本而言的,它突破了传统文本对信息(或知识)的线性组织结构,在正文中嵌入其他相关参照项文本并建立链接关系,从而形成信息(或知识)网状结构的文本。在检索过程中,只需轻松使用鼠标单击所需的信息单元(参照链接文本标题),就可以追踪查找到所需文本信息内容。

4. 超媒体检索

命令检索、菜单检索和超文本检索从用户开始进入检索界面,到计算机对数据的系列自动化处理过程,再到用户获得的最终检索结果,都是对文本信息的需求满足过程。由于数量日益丰富的多媒体电子信息产品(多媒体数据库)大量应用于科学研究、学习、教育、艺术与生活以及经贸领域等,使人们对于多媒体信息的特定需求与种类复杂的多媒体信息资源之间产生了尖锐的矛盾。超媒体信息存储与检索较好地解决了这一问题。超媒体就是在超文本正文中嵌入非文本参照项,并彼此链接成网状结构的文档形式。这些参照文档是集文字、声音、图表、色彩和动画等于一体的多媒体信息。在国际互联网的服务体系中,使用 Web 检索工具就可轻松实现多台计算机之间超媒体信息的链接、查找和传输,达到多媒体信息资源的真正共享与交流利用。由于超媒体检索既可查找多媒体信息,也可查找一般文本信息,且检索过程又包含了命令检索、菜单检索等检索操作方法,所以又称"综合法"或"多元法"。

2.2.3 主要技术

信息检索常用技术有布尔逻辑检索、截词检索、位置检索、限制检索、加权检索、自然语言检索、模糊检索、相关检索等。下面主要介绍前三种检索技术。

1. 布尔逻辑检索

逻辑检索是一种开发较早、比较成熟、在信息检索系统中广泛应用的技术。布尔逻辑检索就是采用布尔关系运算符来表达检索词与检索词之间逻辑关系的检索方法，目前最常用的布尔逻辑运算符主要包括"与""或""非"。

逻辑与（用"AND"或"＊"表示），如 A＊B，表明一篇文献中 A 和 B 必须同时存在；逻辑或（用"OR"或"＋"表示），如 A＋B，表明一篇文献中 A 或 B 必须存在，也包含同时存在；逻辑非（用"NOT"或"－"表示），如 A－B，表明一篇文献中包含 A 但不包含 B。

上述三种检索逻辑式是最为简单的布尔逻辑运算。三者之间的优先执行顺序为 NOT、AND、OR。有括号时，先执行括号内的逻辑运算。有多层括号时，先执行最内层括号中的运算。在检索实践中，可根据实际需要，组合使用多个布尔逻辑运算符，以准确表达检索主题。例如，（A OR B）NOT（C AND D），表示先运算"A OR B"和"C AND D"，最后运算 NOT 算式。

布尔逻辑检索与人们的思维习惯一致，检索匹配机制清晰，方便用户进行扩检和缩检，易于计算机实现。但由于只采用形式上的精确匹配，无法反映检索词对于检索的重要性，无法反映概念之间内在的语义联系，因而检索结果有时难免会不切合实际，达不到用户的具体要求。

2. 截词检索

截词检索是利用检索词的词语或不完整的词形查找信息的一种检索方法，是计算机检索系统中应用非常普遍的一种技术。由于西文的构词特性，在检索中经常会遇到名词的单复数形式不一致；同一个意思的词，英美拼法不一致；词干加上不同性质的前缀和后缀就可以派生出许多意义相近的词等。为了保证查全，就得在检索式中加上这些具有各种变化形式的相关意义的检索词，这样就会导致检索式过于冗长，输入检索词的时间太久，同时也占太多机时。截词检索就是为了解决这个问题而设计的，用相应的截词符（如"？""＊"等）代替检索词的可变化部分，让计算机按照检索词的部分片段同标引词进行对比匹配，这样就可以简化检索程序，扩大检索范围，以提供族性检索的功能，提高查全率。截词检索按照截断的位置划分，可分为右截断（前方一致）、左截断（后方一致）、左右截断（中间一致）、中间截断四种方法。

3. 位置检索

位置检索也叫全文检索，或邻近检索。所谓全文检索，就是利用记录中的自然语言进行检索，词与词之间的逻辑关系用位置算符组配，对检索词之间的相对位置进行限制。这是一种可以不依赖主题词表而直接使用自由词进行检索的技术方法。不同的检索系统其位置算符的表示方法不尽相同，现举例美国 DIALOG 检索系统的位置算符的用法意义如下。

（1）（W）——With。（W）表示该算符两侧的检索词相邻，且两者之间只允许有一个空格或标点符号，不允许有任何字母或词，顺序不能颠倒。（W）也可以简写为（）。

例如：Aircraft（）design，可检索出含有 Aircraft design 的文献记录；Computer（）aided（）design，可检索出含有 Computer aided design 的文献记录。

（2）（nW）——n Words。（nW）表示在此算符两侧的检索词之间最多允许间隔 n 个词（实词或虚词），且两者的相对位置不能颠倒。

例如：laser（1w）printer，可检出含有 laser printer 和 laser color printer 的文献记录。

（3）（N）——Near。（N）表示该算符两侧的检索词相邻，但两者的相对位置可以颠倒。

例如：computer（N）network，可检出含有 computer network、network computer 形式的文献记录。

（4）（nN）——nNear。（nN）表示此算符两侧的检索词之间允许间隔最多 n 个词，且两者的顺序可以颠倒。

例如：computer（2N）system，可检出含有 computer system、computer code system、computer aided design system、system using modern computer 等形式的文献记录。

（5）（S）——Subfield。（S）表示该算符两侧的检索词必须是在文献记录的同一字段中，而它们在该字段中的相对次序和相对位置的距离不限。

例如：computer（）control（s）system，可检出文摘中含有"This paper is concerned with an application of the computer control technique in a intelligent system for testing inner walls of pipes."这样一句话的文献。

（6）（F）——Field。（F）表示该算符两侧的检索词必须是在文献记录的同一字段中，而它们在该字段中的相对次序和相对位置的距离不限。

例如：water（）pollution（F）control，表示在同一个字段中（如篇

名、文摘、叙词等）同时含有 water pollution 和 control 的文献记录均可检索出来。相邻位置算符、字段位置算符、句子位置算符可连用，顺序为 A（W）B（S）C（F）D 在同一检索式中，如果两个检索词之间的位置算符为（W）—（S）—（F），说明检索范围越大，查全率相应提高；反之，检索范围小，查准率提高。位置检索对提高检索的查准率和查全率有重要作用，但网络检索中基本只支持（W）和（N）。

2.3 信息检索主要途径

广义的信息检索是将信息按一定方式收集、组织和存储起来，并根据信息用户的需求找出所需信息的过程和技术。而狭义的信息检索则指信息查询，即从信息集合中识别和获取相关信息。信息查询有很多种途径，传统的方法有前往图书馆查阅书籍、报刊、内部文献、缩微胶片等，而信息时代的检索途径则主要通过计算机来辅助完成，包括利用各种搜索引擎以及定制使用各种便捷的信息推送服务等，都可以很好地检索到所需信息并提升研究效率。

2.3.1 利用搜索引擎

搜索引擎是指根据一定的策略、运用特定的计算机程序从互联网上搜集信息，在对信息进行组织和处理后，为用户提供检索服务，将用户检索相关的信息展示给用户的系统，具有用户数量较多、信息量较大、查找信息快速和服务模式多样等显著特点。搜索引擎的主要功能是收集网络信息资源，对其进行索引并建立数据库，并提供网络的信息导航与信息检索服务。搜索引擎的构成及工作原理如图 2-2 所示，用户在既定的检索策略下通过搜索引擎用户接口，访问搜索引擎本地的摘要信息数据库，搜索引擎反馈摘要信息，同时用户可通过信息资源链接访问各万维网站点资源，从而获取详细的信息资源。搜索引擎包括综合性搜索引擎、中文学术搜索引擎和英文学术搜索引擎三大类。

2.3.1.1 综合性搜索引擎

常用的综合性搜索引擎除了大家熟知的百度、谷歌、必应之外，中文搜索引擎还有有道、搜狗，外文则有 Ask、Mywebsearch、Infospace、Web-Crawler 等。

第 2 章 信息资源检索与利用

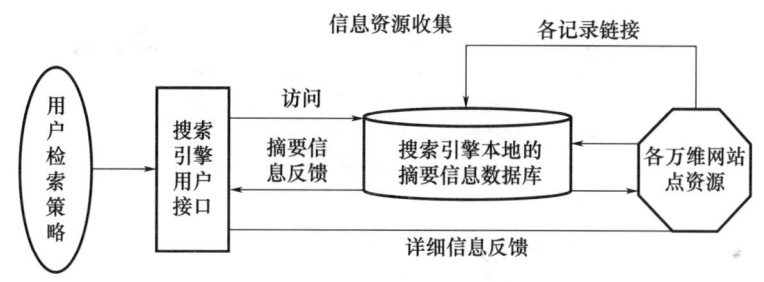

图 2-2 搜索引擎的构成及工作原理图

1. 百度搜索引擎

百度搜索引擎是全球最大的中文搜索引擎，主要包括以网络搜索为主的功能性搜索，以贴吧为主的社区搜索，针对各区域、行业所需的垂直搜索。百度搜索引擎由四部分组成：蜘蛛程序、监控程序、索引数据库、检索程序。门户网站只需将用户查询内容和一些相关参数传递到百度搜索引擎服务器上，后台程序就会自动工作并将最终结果返回给网站。百度搜索引擎使用了高性能的"网络蜘蛛"程序自动地在互联网中搜索信息，可定制、高扩展性地调度算法使得搜索器能在极短的时间内收集到最大数量的互联网信息。百度在中国各地和美国均设有服务器，搜索范围涵盖了中国大陆、中国香港、中国台湾、中国澳门地区，以及新加坡等华语地区，还包括北美、欧洲的部分站点。百度搜索引擎拥有目前世界上最大的中文信息库，总量达到 6000 万页以上，并且还在以每天几十万页的速度增长。

1）基本检索

（1）"与"运算。运算符为空格或加号。例如，搜索卫星和通信的相关信息，在搜索栏中输入"卫星 通信"或"卫星 通信"即可得到如图 2-3 所示的相关信息。

（2）"非"运算。运算符为"a -b"，请注意连接号前的空格不能省略。例如，搜索除通信卫星外的卫星，在搜索栏中输入"卫星 -通信卫星"，如图 2-4 所示。

（3）"或"运算。运算符为"|"。例如，搜索通信卫星或侦察卫星的相关信息，在搜索栏中输入"通信卫星|侦察卫星"。

（4）精确匹配——双引号和书名号。如果输入的检索词很长，百度在经过分析后，所列出搜索结果中的检索词可能是经过拆分的。如果对这种

图2-3 百度搜索示意图1

图2-4 百度搜索示意图2

情况不满意,可以尝试让百度不拆分查询词。这时给检索词加上双引号,就可以达到这种效果。例如,搜索"航天工程大学",如果不加双引号,搜索结果被拆分,想达到的效果不好,但加上双引号后搜索"航天工程大学",获得的结果就能够符合要求了。

2)高级检索技术

(1)专业文档搜索。很多有价值的资料,在互联网上并非是普通的网页,而是以Word、PowerPoint、PDF等格式存在。百度支持对Office文档

（包括 Word、Excel、PowerPoint）、Adobe PDF 文档、RTF 文档进行全文搜索。可以在检索词后加上"Filetype：文件格式"，文件格式可为 DOC、XLS、PPT、PDF、RTF、ALL。其中，ALL 表示搜索所有这些文件类型。例如，查找蔡宗元发表的关于卫星通信系统方面的文章，在搜索栏中输入"卫星通信系统蔡宗元 filetype：doc"，单击结果标题，直接下载该文档，也可以单击标题后的"HTML 版"，快速查看该文档，如图 2-5 所示。此外，还可以通过百度文档搜索界面，直接使用专业文档搜索功能。

图 2-5　百度搜索示意图 3

（2）通过保留字"site"把搜索范围限定在特定站点中。检索过程中，可以将查找的范围限制在某个网站上。例如，在搜索栏中输入检索词"site：www.newhua.com"就会返回"华军软件园"这个站点中所要查找的所有相关结果。

（3）通过保留字"intitle"把搜索范围限定在网页标题中。检索过程中，我们可以对所要查找的网页标题范围进行限制。例如，在搜索栏中输入检索词"intitle：卫星"，就会返回标题中含有关键词"卫星"的所有网页，如图 2-6 所示。

（4）通过保留字"inurl"把搜索范围限定在链接中。网页 URL 中的某些信息，常常具有某种特定价值，我们可以将查找的范围限制在链接中。例如，搜索关键词"inurl：通信"，就会返回含有关键词"通信"的所有相关网页链接。

图2-6 百度搜索示意图4

2. 必应搜索引擎

必应（Bing）是微软公司的搜索品牌，集成了搜索首页图片设计、崭新的搜索结果导航模式、创新的分类搜索和相关搜索用户体验模式、视频搜索结果无须单击直接预览播放、图片搜索结果无须翻页等功能。必应提供了非常丰富的高级搜索语法，使用高级关键字可获取更好的搜索结果，从而帮助用户找到真正需要的内容，表2-1给出了必应搜索关键字及相应用法。

表2-1 必应搜索关键字及相应用法

关键字	定义	示例
contains:	只搜索包含指定文件类型的链接的网站	若要搜索包含Microsoft Windows Media Audio（.wma）文件链接的网站，请键入：音乐 contains: wma
filetype:	仅返回以指定文件类型创建的网页	格式创建的报表，再键入主题后面加filetype: pdf
inanchor:、inbody:、intitle:	这些关键字将返回元数据中包含指定搜索条件（如定位标记、正文或标题等）的网页。为每个搜索条件指定一个关键字，也可以根据需要使用多个关键字	若要查找定位标记中包含msn，且正文中包含seo和sem的网页，请键入inanchor: msn inbody: seo inbody: sem

第 2 章 信息资源检索与利用

续表

关键字	定义	示例
ip：	查找托管在特定 IP 地址的网站。IP 地址必须是以英文句点分开的地址。键入关键字 ip：，后面加网站的 IP 地址	键入 ip：207.46.249.252
language：	返回指定语言的网页。在关键字 language：后面直接指定语言代码。使用搜索生成器中的"语言"功能也可以指定网页的语言	若只需查看有关通信卫星模拟器的英文网页，则键入 Communication Satellite Simulatolanguage：en
loc：或 location：	返回特定国家或地区的网页。在关键字 loc：后面直接指定国家或地区代码。若要搜索两种或两种以上语言，请使用逻辑运算符 OR 对语言分组	若要查看有关美国或英国宽带通信卫星的网页，则键入 Broadband Communication Satellite（loc：USORloc：GB）。若要查看可用于 Bing 的语言代码列表，则参阅国家、地区和语言代码
prefer：	着重强调某个搜索条件或运算符，以限定搜索结果	若要查找通信卫星的相关网页，但搜索内容主要限定在美国，则键入 Communication Satellite prefer：美国
site：	返回属于指定网站的网页。若要搜索两个或更多域，则使用逻辑运算符 OR 对域进行分组，可以使用 site：搜索不超过两层的 Web 域、顶级域及目录，还可以在一个网站上搜索包含特定搜索字词的网页	若要在"中国国防部"网站上搜索有关通信卫星的网页，则键入 site：www.mod.gov.cn 通信卫星
feed：	在网站上查找搜索条件 RSS（Really Simple Syndication）或 Atom 源	若要查找关于通信卫星的 RSS 或 Atom 源，则键入 feed：通信卫星
hasfeed：	在网站上查找包含搜索条件的 RSS 或 Atom 源的网页	若要在 New York Times 网站上查找包含与卫星有关的 RSS 或 Atom 源的网页，则键入 site：www.nytimes.com hasfeed：卫星

3. 搜狗搜索引擎

搜狗搜索引擎是搜狐公司强力打造的第三代互动式搜索引擎。其常用的搜索技巧如下：

· 25 ·

1）使用双引号进行精确查找

搜索引擎大多数会默认对搜索词进行分词搜索，这样一来搜索结果往往包含大量无用信息。如果查找的是一个词组或多个汉字，最好的办法就是将它们用双引号括起来，这样得到的结果最少、最精确。例如，在搜索栏中输入"卫星通信仿真"，这时只反馈回包含有"卫星通信仿真"这几个关键字的网页，而不会返回包括"卫星通信"和"仿真"的网页，这比只输入不加引号的"卫星通信仿真"得到的结果更加聚焦。注意，这里的双引号可以是全角中文双引号""，也可以是半角英文双引号""，而且可以混合使用。例如"卫星通信仿真"和"卫星通信仿真"搜狗都是可以智能识别的，如图2-7所示。

图2-7　搜狗搜索示意图1

2）使用多个词语搜索

由于搜狗只搜索包含全部查询内容的网页，所以缩小搜索范围的简单方法就是添加搜索词。添加搜索词后，查询结果的范围就会比原来缩小很多。输入多个词语搜索（不同字词之间用一个空格隔开）可以获得更精确的搜索结果。例如，想了解中国通信卫星的相关信息，在搜索框中输入"中国通信卫星"获得的搜索效果会比输入"通信卫星"得到的结果更精准。

3）减除无关资料

如果要避免搜索某个词语，可以在这个词前面加上一个连接号"-"（英文字符），但应注意在连接号之前必须留一个空格。

4) 在指定网站内搜索

如果想知道某个站点中是否有自己需要找的东西，可以把搜索范围限定在该站点中，提高查询效率。在想要搜索指定网站时，使用 site 语法，其格式为"查询词＋空格＋site：网址"。例如，只想检索搜狐网站上关于卫星通信系统的内容，就可以输入"卫星通信系统 site：sohu.com"进行查询，如图 2－8 所示。搜狗也支持多站点查询，多个站点用"｜"隔开，如：卫星通信系统 site：www.sina.com.cn｜www.sohu.com，注意 site：和站点名之间，不要带空格。

图 2－8　搜狗搜索示意图 2

5) 文档搜索

搜狗的文档搜索语法为"查询词＋空格＋Filetype：文件格式"，文件格式可以是 DOC、PDF、RTF、ALL（全部文档）。例如"卫星通信 filetype：doc"，其中的冒号是全角或半角格式的符号皆可，并且不区分大小写，如图 2－9 所示。filetype：doc 可以在前也可以在后，但注意关键词和 filetype 之间一定要有个空格，例如"卫星通信 filetype：doc"。

filetype 语法也可以与 site 语法混用，以实现在指定网站内的文档搜索。例如，在北京邮电大学和清华大学网站内搜索有关"卫星通信仿真"的文档，就可以用：site：www.sina.com.cn｜www.sohu.com filetype：all 卫星通信仿真。

图 2-9　搜狗搜索示意图 3

除了上述搜索引擎外，还有一些很有特色的搜索引擎，也是目前信息检索的发展趋势。例如，ASK jeeves，其为自然语言搜索引擎，采用用户提问，ASK jeeves 回答的模式。在搜索时，它先给出的是数据库中可能存在的答案，然后才是网站链接。Redz，是可视化搜索引擎，它反馈的结果是一些可移动的图像（透视墙），通过滑动鼠标可以直接看到页面内容，简单方便。人立方，根据"六度分隔"理论创建的新型社会化搜索引擎，数据库可以自动抽取出人名、地名、机构名以及中文短语，并通过算法自动计算出它们之间存在关系的可能性。只要输入一个人名，人立方搜索即可给出该人物的社会关系、简介、相关资讯等相关内容。

2.3.1.2　中文学术搜索引擎

在科学研究过程中，需要经常查找各种各样的学术资料，我们可以利用综合搜索引擎，如百度学术搜索的功能，也可以用一些专门的学术引擎，比如中国知网（CNKI）、万方、维普等。

1. 百度学术

百度学术搜索的网址为 http：//xueshu. baidu. com，是一个提供海量中英文文献的免费学术资源搜索平台，涵盖了多个学科的学术期刊、会议论文、学位论文等。其收录国内外学术站点超过 70 万家，包含大量商业学术数据库，如中国知网、万方、维普、ScienceDirect、Wiley、ACM、IEEE、EBSCO、Springer 等，以及百度文库、道客巴巴、豆丁网、OA 数据库、杂志社和高校的机构仓储等大量提供全文链接的网站,并将网络中繁杂混乱的海量文献信息进行筛选、排重和结构化提取等处理,整理为条理有序的学术信息资源,提供给用户免费使用[4]。

百度学术页面简洁大方,保持了百度搜索一贯的简单风格,只要在检索框中输入检索词,就可以检索出网络中大量的文献信息。百度学术搜索的搜索结果会自动过滤掉普通网页搜索结果中的大量垃圾信息,只显示各种来源的收费和免费的学术文献,用户还可以通过发表时间、学科领域、核心收录情况等指标进行筛选,以提高检索的精准性。

图 2-10　百度学术界面

1)基本搜索

用户只需要在百度学术检索框中直接输入关键词、论文标题、作者名字等搜索词汇来搜索相关文章。可以看到搜索条下面有不同的文献数据库,包括中文的和英文的,如果想要添加搜索库,需要单击下方的添加"+"符号。默认在输入关键词时搜索框会出现实时的关键词提示,比如输入"卫星通信",就会出现"卫星通信系统""卫星通信技术"等提示,便于用户直接选择。基本检索会默认在所有字段、所有文献类型中进行检索。

以"卫星通信仿真"为例,可以通过输入检索词搜索到多个关于该主题的学术文章,可以通过"跨语言检索"和"排序规则"来调整搜索排序。页面左侧有关于该关键词的筛选规则,包括文章发表时间、关键词文章的研究方向等,搜索时刻根据个人需要来筛选。单击每一篇文章题目下方的"引用"选项,可以弹出三种不同类型的参考文献引用格式,如图 2-11 所示,对于撰写论文的参考文献部分很方便。

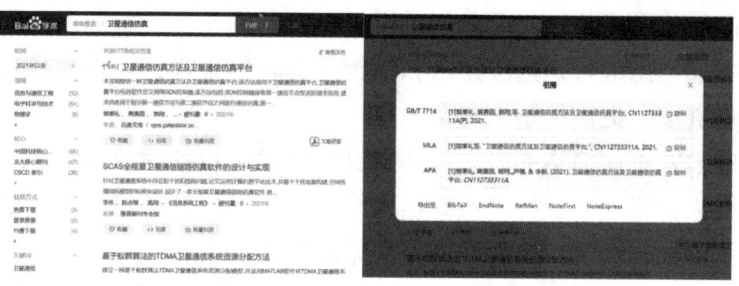

图 2 – 11　百度学术搜索示意图 1

有的文章可以提供免费下载，用户可以单击直接下载全文进行使用，如图 2 – 12 所示。

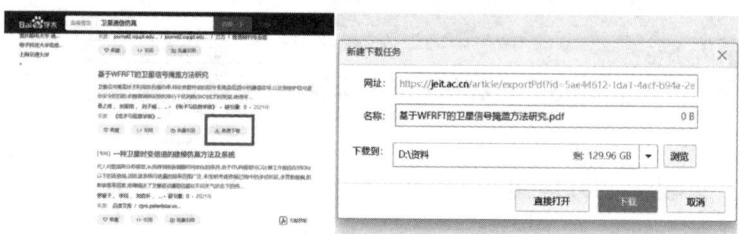

图 2 – 12　百度学术搜索示意图 2

2）高级检索

高级检索位于检索框最右侧，单击即可出现高级检索界面，如图 2 – 13 所示。

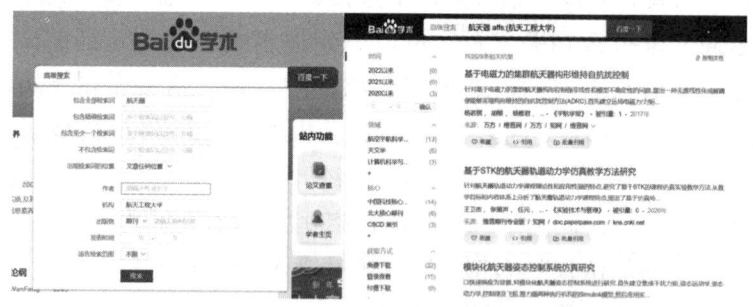

图 2 – 13　百度学术搜索示意图 3

（1）包含全部检索词。相当于模糊检索，百度学术通过自动分词技术对检索词进行拆分，包含有完整的检索词、检索词中出现的短语、词语和词素的文献将会出现在检索结果中。该功能将最大限度地保证检索的查

第 2 章　信息资源检索与利用

全率。

（2）包含精确检索词。相当于精确检索，只有包含完整的检索词的文献才会出现在检索结果中。

（3）出现检索词的位置。限制检索词出现在文章任何位置或文章标题，相当于题名或任意字段检索。

（4）作者。相当于作者字段检索。

（5）出版物。按照出版物名称或会议名称检索，相当于文献来源检索。

（6）发表时间。相当于常见的发表日期限定检索。为了继续验证百度学术的检索效果，尝试检索笔者所在单位发表有关航天器的论文，在"包含精确检索词"中输入"航天工程大学"，单击检索即可列出相关学术论文信息。

3）专业检索

百度学术继承了百度搜索的大部分高级搜索技巧，通过添加"操作符"，可以提高检索的准确性和有效性。根据检索测试发现，目前百度学术主要支持的"操作符"有：空格、双引号、author、title、inurl、site、filetype、连接号 -、|、圆括号等。此外，无论用户输入标点符号是全角还是半角，系统都会自动更正为英文半角符号，用户不需要担心标点符号输入是否有误。

百度学术检索结果内容非常丰富，充分体现出作为学术搜索网站与一般的网页搜索网站的极大区别，同时完胜其他学术搜索引擎。检索结果中的每一条文献，百度学术都进行了结构化提取处理，用户可以方便查看其题名、作者、文献来源、发表时间、网站来源、所有版本（其他网络来源）、文献摘要、关键词、他引量、阅读量等全部文献列表，如图 2 - 14 所示。

图 2 - 14　百度学术搜索示意图 4

2. CNKI

知网的概念是国家知识基础设施（National Knowledge Infrastructure，NKI），由世界银行于1998年提出。CNKI 工程是以实现全社会知识资源传播共享与增值利用为目标的信息化建设项目，由清华大学与清华同方发起，始建于1999年6月。经过多年努力，CNKI 工程集团采用自主开发并具有国际领先水平的数字图书馆技术，建成了世界上全文信息量规模最大的"CNKI 数字图书馆"，并正式启动建设《中国知识资源总库》及 CNKI 网络资源共享平台，通过产业化运作，为全社会知识资源高效共享提供最丰富的知识信息资源和最有效的知识传播与数字化学习平台。CNKI 的主要功能模块如图2-15所示。

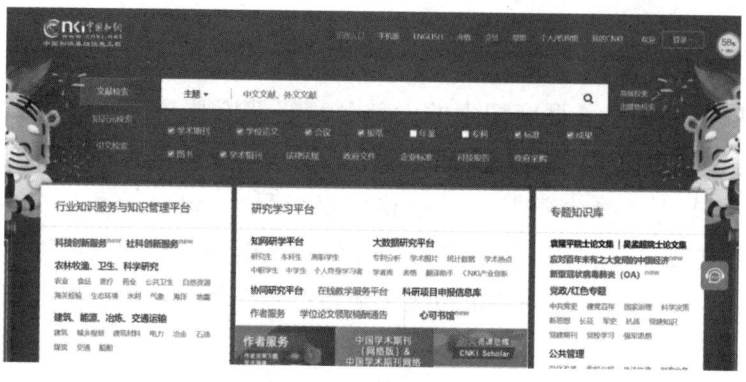

图2-15　CNKI 检索界面

（1）中国知识资源总库。提供 CNKI 源数据库、外文类、工业类、农业类、医药卫生类、经济类和教育类多种数据库。其中综合性数据库为中国期刊全文数据库、中国博士学位论文数据库、中国优秀硕士学位论文全文数据库、中国重要报纸全文数据库和中国重要会议文论全文数据库。每个数据库都提供初级检索、高级检索和专业检索三种检索功能。

（2）数字出版平台。数字出版平台是国家"十一五"重点出版工程。数字出版平台提供学科专业数字图书馆和行业图书馆。个性化服务平台有个人数字图书馆、机构数字图书馆、数字化学习平台等。

（3）文献数据评价。提出了一套全新的期刊影响因子指标体系，并制定了我国第一个公开的期刊评价指标统计标准——《〈中国学术期刊影响因子年报〉数据统计规范》。

(4) 知识检索。知识检索提供文献搜索、数字搜索、翻译助手、图形搜索、学术统计分析等知识服务。

CNKI 检索和使用方法如下：

(1) 简单检索。单击检索方式选择区的"简单检索"按钮，进入简单检索界面。简单检索提供了类似搜索引擎的检索方式，检索者只需要输入所要找的检索词，单击"简单检索"按钮进行检索，就可查到与检索词相关的文献。

(2) 标准检索。单击检索方式选择区的"标准检索"按钮，进入标准检索界面。系统提供了检索范围和文献内容特征两部分的检索控制，另外通过分类导航区和数据库选择区的内容选择，能够精确地检索到相关文献。

(3) 高级检索。单击检索方式选择区的"高级检索"按钮，进入高级检索界面。高级检索提供了文献发表时间和文献内容特征（主要包括题名、全文、主题、关键词、作者、第一作者、作者单位、文献来源等）两部分的检索控制，单击" + "图标增加多个条件，使用检索项前、后的"并且""精确"选项，控制该检索项检索词的逻辑判定和匹配方式。另外，通过分类导航区和数据库选择区的内容选择，能够精确地检索到所要搜索的相关文献。高级检索使用方法与标准检索类似。

(4) 专业检索。单击检索方式选择区的"专业检索"按钮，进入专业检索界面。该模式适用于图书情报专业人员查新、信息分析等工作，使用逻辑运算符和关键词构造检索式进行检索。使用专业检索的所有符号和英文字母，都必须使用英文半角字符。专业检索支持的检索项包括：SU=主题，TI=题名，KY=关键词，AB=摘要，FT=全文，AU=作者，FI=第一责任人，AF=机构，JN=中文刊名 & 英文刊名，RF=引文，YE=年，FU=基金，CLC=中图分类号，SN=ISSN，CN=统一刊号，IB=ISBN，CF=被引频次。

(5) 引文检索。单击检索方式选择区的"引文检索"按钮，进入引文检索界面。引文检索以检索参考文献为出发点，根据文献的引用关系检索到引用文献。由于引文数据库中的所有文献都与其他文献具有引用或被引用的关系，引文检索正是通过这些关系检索到文献。

(6) 作者发文检索。通过作者姓名、单位等信息，查找该作者发表的全部文献以及被引下载的情况。通过作者发文检索不仅能找到某一作者发表的文献，还可以通过对结果的分组筛选情况全方位地了解作者主要研究领域、研究成果等情况。

（7）科研基金检索。科研基金检索是通过科研基金名称，查找科研基金资助的文献。通过对检索结果的分组筛选，还可全面了解科研基金资助学科范围、科研主题领域等信息。

（8）句子检索。句子检索是通过用户输入的两个关键词，查找同时包含这两个词的句子。由于句子中包含了大量的事实信息，通过检索句子可以为用户提供有关事实的问题的答案。

（9）知识元检索。知识元检索是将文献总库中的学术术语、概念、数字、图形、表格等知识元信息抽取出来，为用户提供有关知识元的事实检索。

2.3.1.3 英文学术搜索引擎

1. 微软学术搜索

微软学术搜索（Microsoft Academic Search）是微软亚洲研究院开发的在线免费使用的学术搜索引擎，其为用户查找学术论文、国际会议、权威期刊、作者和研究领域等提供了更加智能、新颖的搜索平台[5]，如图2-16所示。与传统搜索引擎相比，微软学术搜索采用的是基于对象的垂直搜索技术，当使用这种搜索引擎时，检索结果将是最终对象的集合，而不是杂乱的网页列表。微软学术搜索可以帮助用户快速准确地了解到某个学术研究领域内的顶尖学者、学术会议和期刊；获得一个学术领域的兴起与发展的详细信息；找到用户感兴趣的学者或学术论文及其在该学术领域的地位和影响力；发现某个研究领域经典、热点的学术论文和正在升起的学术新星。目前，微软学术搜索专注于计算机科学和信息科学范围内的搜索，未来还会将搜索范围扩展至其他学科领域。

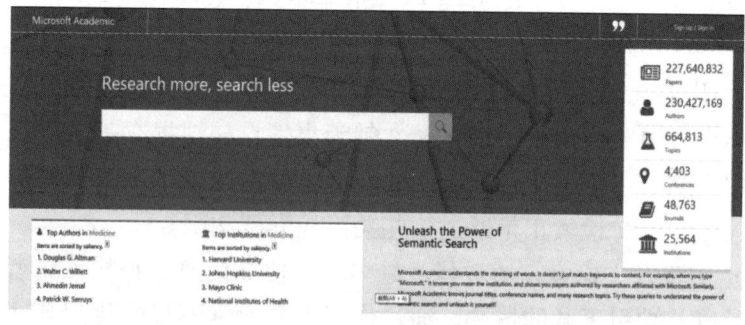

图2-16 微软学术搜索界面

与很多学术搜索引擎不同,微软学术搜索在主界面中提供了 15 大类的详细学科分类目录,并对每一类学科提供了该学科领域各种信息的排序表。通过该列表,研究人员可以轻松获得有影响力的论文、作者、会议、期刊、机构和关键词等信息,以及对于某一学科领域有全方位的信息统计,这对于研究人员从事跨学科的相关研究非常有帮助。例如,在网站中查询宇航科学(Aerospace)即可获得宇航科学领域的多种信息表格,如图 2-17 所示,图中列出了宇航科学领域公开发表论文情况以及具有较高影响力的作者。

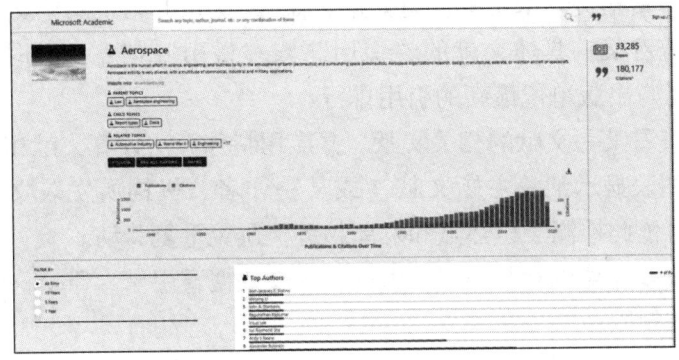

图 2-17　微软学术搜索示意图 1

微软学术搜索在其主页面(Search https://academic.microsoft.com/home)提供基本检索功能。用户只需在检索框中简单地输入关键词,然后按回车键或单击其页面上的按钮即可进行检索。值得注意的是,微软学术搜索可以通过指定作者和研究机构快速准确地找到所需论文,如图 2-18 所示。

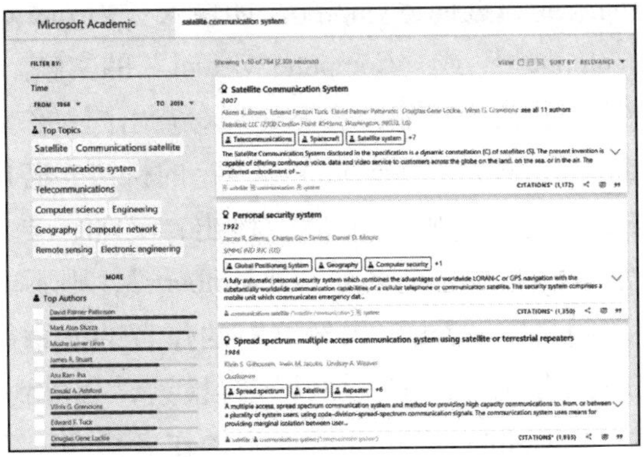

图 2-18　微软学术搜索示意图 2

2. CiteSeer

CiteSeer 是一款引文搜索引擎，是利用自动引文标引系统（ACI）建立的第一个学术论文数字图书馆，由美国普林斯顿大学 NEC 研究院研制开发。至今，CiteSeerX 存储的文献全文达 138 万多篇，引文 2674 万多条，内容主要涉及计算机和信息科学领域，主题包括智能代理、人工智能、硬件、软件工程、数据压缩、人机交互、操作系统、数据库、信息检索、网络技术、机器学习等。

CiteSeerX 的常用功能包括：

（1）检索相关学术文献，浏览并下载 PS 或 PDF 格式的论文全文。

（2）查看某一具体文献的"引用"与"被引"信息，同时还可获得文献、作者与出版单位最新的引用排行。

（3）查看某一文献的相关文献，并应用特殊算法计算文献相关度。

（4）图表显示某一主题文献（或某一作者、机构所发表文献）的时间分布，可依此推测学科热点和发展趋势，避免重复劳动。

作为获取计算机专业领域学术论文的高效搜索引擎，CiteSeerX 搜索遵循以下操作规则：

（1）支持布尔逻辑运算。逻辑组合查询的语法有逻辑（and）或（or）、无逻辑非（not）。逻辑算符不区分大小写。如要查找 Kleinberg 或 Bollacker 的论文则在检索框中录入"Kleinberg or Bollacker"。需要注意的是，逻辑或只在检索首页的单一检索框适用，高级检索界面的各组合检索框之间为逻辑与关系。

（2）支持邻近词运算匹配，邻近距离默认为一个单词。多个关键词之间有空格的作为词组或邻近词运算匹配。如输入"Virtual computer"，可检出包含"Virtual computer"或"Computer virtual"的文献。

（3）不支持词组的精确匹配，这样处理对查出同一作者姓名的不同拼写有利。例如，J. R. Quinlan 和 Quinlan, J. R. 的拼法，若用精确匹配则只能检出一个，若用亲近匹配则两个都能检出；又如，要检索"JonKleinberg"的文章，如果检索词为全名"JonKleinberg"，则不能得到所有该作者的论文，只有那些名字"Jon"未经缩写的作者的文章能够被检出。在作者检索中，只用姓或者名字缩写加姓进行检索，会得到比较好的效果。例如，用检索词"J. Kleinberg"，CiteSeerX 的作者索引，将扩展该检索式得到"JonKleinberg"和"JonMKleinberg"的文章。

(4) 查询时，词干法有效，而通配符语法是无效的。例如，输入关键词"Programme"，可检出"Programme""Programming""Programmed""Programms"文献。

(5) 支持位置算符，书写格式为 w/n，n = 词间相连数值。如输入 virtualw/3computer，表示 2 个词中间允许出现 3 个或 3 个以内的单词或符号。

(6) 遵循检索词大小写无差别原则，如输入检索词"bollacker""Bollacker""bolLackEr"，将返回同样的检索结果。

(7) 检索完整字句，需用双引号，如"3Dcomputervision"。

(8) 若输入检索式后，CiteSeerX 搜索结果为零，无论何种原因，系统会自动给出检索建议和几种新检索式的链接，供检索者选择。

(9) 在高级检索界面还可以对检索范围和检索结果排序规则做出规定。例如，可对文献发表时间、文献引文的最小数目等做出限定，这样发表时间超出范围或引文数少于规定数目的文章将不被检出。排序规则包括被引次数、相关性和标引日期。

2.3.2 利用信息推送服务

信息检索有两种途径，一种是当需要信息的时候通过各种各样的工具去检索，这种称为拉取（如上节所介绍的学术搜索工具）；另一种是学术网站或者数据库根据用户的研究方向和兴趣将预定的最新资源发送到用户指定的地点（如邮箱），这种方式称为推送。通过结合检索工具和信息推送两种方式，用户能够有效获取某一个研究领域的最新信息。

1. 数据库最新资源推送

通过数据库进行最新资源推送是最常见的信息推送服务。下面以大家比较熟悉的 CNKI 数据库介绍信息推送服务。

为了更好地满足各类机构和个人用户的使用需求，中国知网面向各机构网站、专业论坛、博客等推出"中国知网专业文献定制服务"。用户依据网站自身定位和内容需求，选定中国知网收录的各类专业文献，包括学术期刊、博士论文、硕士论文、会议论文、报纸、专利、科技成果等，以检索页面的形式加载到网站中，定制完成后，中国知网将每日更新的定制文献以篇名或文章摘要的形式，自动推送到各站点的检索页面。网站用户可以实时查阅到新近的各类专业文献，以此增加网站的用户黏性和网站自身的学术性、专业性，极大地丰富网站的专业资源规模。

中国知网专业文献定制服务能够提供以资源种类、专辑专题、机构名称、作者名称、相关主题、关注基金、刊物名称、引用关系8种方式的个性化定制服务，以篇名或文章摘要的形式向各网站推送每日出版的专业文献，可以更好地满足各类网站的专业内容定位需要。各网站可根据自身页面特点，自主选定、设计相应的显示页面。

（1）按资源种类定制：包括学术期刊、博士论文、硕士论文、会议论文、报纸文摘、专利、科技成果。

（2）按专辑专题定制：中国知网数据库资源分为十大专辑，即基础科学、工程科技Ⅰ、工程科技Ⅱ、农业科技、医药卫生科技、哲学与人文科学、社会科学Ⅰ、社会科学Ⅱ、信息科技、经济与管理科学。

（3）按机构名称定制：针对国内主要研究机构，定制跟踪各研究机构的学术科研动态。

（4）按刊物名称定制：定制中国知网7400多种期刊，动态展示各期刊的最新文章。

（5）按作者名称定制：以关注作者的名称定制，随时了解该作者学术动态。

（6）按相关主题定制：定制学科或行业关键词，动态掌握相关信息。

（7）按关注基金定制：定制国家各类科研基金名称，了解各基金动态。

（8）按引用关系定制：定制被引作者和被引文献，清晰掌握相关领域最新信息。

中国知网专业文献定制服务流程如下：

（1）登录中国知网专业文献定制系统注册"专业文献定制服务账号"。

（2）定制中国知网系列数据库的专业文献内容，提交文献定制申请单。

（3）中国知网根据定制申请单整合专属数据库信息，生成定制码。

（4）网站技术载入定制码，开通定制服务，中国知网每日推送更新文献。

除知网外，外文数据库能够提供这种自动推送功能更多，比如世界最著名的全文期刊数据库：Science Direct、ProQuest、EBSCO、Emerald、Web of Science等，用户可根据专业需要获得推送服务。

2. 简易信息聚合（RSS）

除了通过数据库获得最新资源推送服务的途径之外，还有一种是通过简易信息聚合（Really Simple Syndication，RSS）订阅汇集来自不同网站的用户感兴趣的某一个主题的最新资源。

RSS 是基于文本的格式。它是可扩展标识语言（XML）的一种形式。通常 RSS 文件都是标为 XML，RSS files（通常也被称为 RSS feeds 或者 channels）通常只包含简单的项目列表。一般而言，每个项目都含有一个标题、一段简单的介绍，还有一个 URL 链接（如一个网页的地址），其他的信息（如日期、创建者的名字等）都是可以选择的。RSS 是站点用来和其他站点之间共享内容的一种简易方式（也叫聚合内容），通常被用于新闻和其他按顺序排列的网站，例如 Blog。一段项目的介绍可能包含新闻的全部介绍（如 Blog post 等），或者仅仅是额外的内容或者简短的介绍。这些项目的链接通常都能链接到全部内容。网络用户可以在客户端借助于支持 RSS 的新闻聚合工具软件（例如 News Crawler、Feed Demon），在不打开网站内容页面的情况下阅读支持 RSS 输出的网站内容。网站提供 RSS 输出，有利于让用户发现网站内容的更新。

利用 RSS 获取网站推送信息，首先需要下载并安装 RSS 阅读器，然后从网站提供的聚合新闻目录列表中订阅感兴趣的栏目内容。订阅后，将会及时获得所订阅主题的最新内容。对于一般用户来说，使用 RSS 订阅信息可以像使用 Outlook Express 收取订阅的邮件一样简单。实际中，可以参考网上有关 RSS 阅读器评测信息选出一款适合用户自身的阅读器，从而能够利用这些阅读器去得到来自不同网站的关于感兴趣的某一个主题的最新信息。RSS 阅读器不仅可以定制学术研究资料，还可以定制一些生活资料。

2.4 信息检索基本流程

为完成科研课题需要实施的信息检索方法和流程步骤，以及检索步骤的科学组织和合理安排称为检索策略，即为解决信息检索实际问题而制订的全盘计划和方案。科研课题的检索步骤一般包括分析检索问题、选择合适的检索工具、抽取关键词、构造检索式、结果筛选与调整检索策略等环节[6-7]。

2.4.1 分析检索问题

分析检索问题是制定检索策略的基础，也是检索效率高低的关键，其目的是弄清楚信息需求以及所要解决的实质问题。具体来讲，首先要弄清楚的问题主要包括：信息需求所包含的主题概念和各概念之间的内在关系；信息需求所涉及的学科性质；所需信息的内部特征和外部特征；信息需求的类型；信息需求对查新、查准、查全和检索速度的指标要求。从总体上看，对于简单或比较熟悉的需求课题，其分析过程是隐含而迅速的；对于复杂课题则要进行全面而详尽的分析。

首先要正确分析主题和信息需求。分析课题主题和信息需求是信息检索的出发点，检索课题的类型不同，它的信息需求范围和程度也会不尽相同。要对检索课题进行正确的主题分析和信息需求分析，可以从信息需求的形式和内容着手进行。所谓形式需求分析，即要明确所需信息的数量、类型、语种、时间范围、作者及其他外部特征，以限定范围。所谓主题内容需求分析，要明确检索课题所属学科属性、专业范围及相关内容，以便选择对口资源，还要明确其主题内容，准确完整地表达主题概念，要结合学科背景、专业知识，挖掘主题相关核心概念。

然后要根据任务和目的明确查全率和查准率要求。不同类型的检索任务对查全率和查准率要求的程度是不同的，有的"求全"，有的"求准"，有的"求新"，有的要原文，有的只要一般性信息，因此要明确查询要求。例如，对某一科技项目的查新，需要全面收集该主题的文献信息，在查全率上有很高的要求。而对于解决某一特定问题的检索，大部分只要求检出适度的信息即可。

综上所述，信息检索前的准备工作应尽可能掌握检索课题研究背景、学科领域、发展过程和现状，对于这些方面如果现有信息不足，还应借助有关工具加以挖掘，以便为选择正确的检索范围提供条件。利用掌握的背景资料及相关线索加以分析、推敲、拓展，以发现更多有价值的线索。通过这些线索来了解与检索课题有关的学者、科研机构、学术刊物等，以此增加检索途径，提高检索效率。

2.4.2 选择合适的检索工具

工欲善其事，必先利其器。面向科研课题研究的信息检索，主要利用学术资源数据库（包括各类学术搜索引擎）来实现检索。依据对信息需求的分析，选择与检索课题相符、收录信息质量较高、检索功能较完善的检索系统工具进行信息检索，这就要求对目前可利用的检索系统有一个较为全面的了解。对检索系统的了解，还包括对检索系统收录的信息所涉及的学科领域、信息类型、时间范围、检索途径及方法、检索费用等方面的了解。因此，在明确了需求之后就要根据需求去选择合适的检索工具，主要从以下几个方面考虑：

（1）类型是否满足需求。

（2）学科专业范围是否与检索课题的学科专业相吻合。

（3）收录的文献类型、文献存储年限、更新周期是否符合检索需求。

（4）描述文献的质量，包括对原文的表达程度、标引深度、专指度如何、是否按标准化著录。

（5）提供的检索入口是否与检索课题的已知线索相对应。

检索工具的选择方法包括：根据学科性质进行选择、根据熟悉语种进行选择、根据文献类型进行选择、根据获取途径进行选择、根据检索工具质量进行选择、根据熟悉程度进行选择等。

1. 根据学科性质进行选择

（1）弄清楚检索科研课题的内容属于哪类学科。

（2）所选检索工具收录文献的学科内容与检索课题学科内容相一致，或包含检索课题所研究的学科内容。

（3）在专业信息检索领域，如果选择的检索工具专业不对口，这样不仅不能检索到有关的专业、学科信息，还会白白浪费时间。

2. 根据熟悉语种进行选择

（1）一般建议先选择国内的中文检索工具，再选择外文检索工具。但如果要查找国外通信卫星的最新进展，根据检索课题的要求，应首先考虑外文检索工具。

（2）选择外文检索工具最好选择用户所熟悉的语种。

3. 根据文献类型进行选择

当拿到检索课题时，要知道检索课题所要检索的文献是什么类型，然后选择收录文献类型与检索课题要求的文献类型相匹配的检索工具。

4. 根据获取途径进行选择

（1）周边图书馆、信息中心或研究机构等。

（2）优先选用免费检索工具，如网络搜索引擎、图书馆数据库、OA检索工具等。

5. 根据检索工具质量进行选择

（1）首选收录文献的学科领域和时间跨度范围广、文献类型齐全、语种丰富的检索工具。

（2）其次考虑选择著录信息特征细致规范、标引质量高、报道量大、出版周期短、更新速度快的检索工具。

（3）还要考虑到检索界面简洁友好、用户操作方便、易学易用。

6. 根据熟悉程度进行选择

选择检索工具，应当从常用的、使用熟练的检索工具入手，对于在陌生的，尤其是从检索复杂的检索工具中获取信息，最直接、最简单的方法就是查看检索工具提供的帮助文件。

2.4.3 抽取关键词

利用关键词进行文献检索是最基本也是最重要的方式，关键词的抽取和使用直接影响文献信息检索的查准率和查全率，直接反映检索人员的素质和能力[8]。为高效获得全面有用的检索信息，要重点把握核心关键词及其术语、专指性强的关键词和专业术语等关键词的抽取和使用。

1. 核心关键词

在明确了问题的信息需求且选择了合适的检索工具之后，需要输入一定的检索式进行信息检索，检索式就是用输入符号将检索词连接起来，因此第一步就要抽取关键词，尤其是核心关键词[9]。核心关键词就是最能够表达主题信息需求的用于检索的关键词。核心关键词的抽取可以参照汉语主题词表，第一类表示具体事物名称的名词术语；第二类表示事物状态或现象的名词术语；第三类就是表示科学分类的名词术语，比如前文提到的各个学科的名词、各个主题的名词等；第四类表示研究方法、技术方法的名词术语；第五类是表示工艺方法、加工技术的名词术语；第六类是表示化学元素、化合物、金属材料与合金的名词术语；第七类就是表示国家名称、地名、组织机构名称及人名的专有名词文献类型、文献载体的名词术语。

2. 核心关键词及其术语

在为某一专题进行检索时，为了更全面地搜集文献，不仅要确定较规范的核心关键词,而且要考虑与核心关键词相关的同义词和近义词、缩写词的英文表达方式,并应在检索中加以重视。如果不考虑这些相关词,在检索中就会漏掉一些重要文献。因此,掌握核心关键词的不同表达方式,也是检索人员基本业务素质的体现。

3. 专指性强的关键词

关键词专指性是指检索词的适用性及其揭示文献主题的深度,是影响检索效率的主要因素之一。如选用专指性弱的关键词,则检索出的文献中必然会包含不需要的文献,因而查准率低。如选用专指性较强的检索词标引,则检索时只需查出范围很窄的文献,查准率较高,但缺点是会漏掉相关的文献,查全率低。在检索过程中,抽取关键词就是要利用一些专指性强的关键词来提高信息检索的准确性,在没有合适或专指性主题词可供选择时,可选用直接相关的2个或2个以上的主题词进行组配。

4. 专业术语

不同的学科专业术语的表述方式不同,可以查询该学科专业的词典或综合性词表,如我国的汉语主题词表、美国的国会图书馆主题词表(简称LCSSH),以及一些学科专业专门的词表,如医学领域的医学词表、工程领域的工程词表等,通过这些检索工具帮助我们找到该学科的专业术语,然后在检索某一专业或者某一主题信息的时候在专业术语上加上双引号,这样就会大幅提高检索的准确度。

2.4.4 构造检索式

前面已讲了信息检索的前三个步骤:分析问题、选择检索工具、提取关键词,那么关键词之间需要用一定的逻辑将它们连接起来,即构造检索式。检索式是信息检索人员向检索系统发布的指令,也是人机对话的语言,检索式表达了检索者的检索意图,是检索策略的具体体现,是检索步骤中最重要的一环,集中体现检索者对检索理论和检索方法的掌握和应用能力,同时直接影响检索效率。构造检索表达式要受到检索策略的指导和约束。如果制定的检索表达式准确度差,那么检索出的无关信息或冗余信息就多。检索式通常由检索词、逻辑算符、通配符等组成。

1. 检索词

检索词是检索者检索意图的集中体现,也是检索语言的构成主体。检索词是一个泛称,在主题检索时,检索词主要包括自由词、关键词、主题词等,核心是关键词。

2. 逻辑算符

当使用两个以上检索词进行检索时,词与词之间的关系要用逻辑算符连接,以表达检索者的检索意图。数据库中的逻辑运算通常采用布尔逻辑,即用"与""或""非"表示检索词之间的关系。

(1)逻辑"与"运算。当两个检索词用"A 与 B"方式进行组配时,其检索结果将包括所有同时带有 A 和 B 两个检索词的记录。例如,查找卫星通信仿真技术方面的文章,检索式可以写为"卫星通信"and"仿真技术"。逻辑"与"的使用可以提高查准率,增加专指性。逻辑"与"的运算符为"and"或"*"。

(2)逻辑"或"运算。当两个检索词用"A 或 B"方式进行组配时,其检索结果将包含所有带有 A 和 B 两个检索词中任意一个检索词的记录。例如,查找通信卫星性能仿真方面的文献,检索式可以写为"通信卫星性能仿真"or"通信卫星效能仿真"。逻辑"或"的使用可以提高查全率,扩大检索范围。逻辑"或"的运算符为"or"或"+"。

(3)逻辑"非"运算。当两个检索词用"A 非 B"方式进行组配时,其检索结果将包括所有带 A 检索词而不带 B 检索词的记录。例如,想了解宽带通信卫星方面的内容,而不要窄带通信卫星方面的文献时,检索式可以写为"宽带通信卫星"not"窄带通信卫星"。逻辑"非"的使用有助于缩小检索范围,增强检索的准确性。逻辑"非"的运算符为"not"或"-"。

以上三种逻辑算符还可以根据检索需求再进行组配,形成复杂的检索式。

3. 通配符在检索中的运用

(1)截词符。截词符用"?""#""$"来表示。检索时在词干的不同位置添加截词符,以代表词的可变部位,从而减少相同词干检索词的输入,同时也提高查全率。截词符分为前截词、后截词、有限截词等。每个数据库的截词符使用规定不尽相同(如 Dialog 用"?",BRS 系统用"$",ORBIT 系统用"#",维普数据库用"?"),所以检索者不能想当然随便使用截词符,需要查看数据库帮助文件获得相关信息。

(2)替代符。英文词汇常因英式拼写与美式拼写不同,而造成一词多字现象,而这些变化仅仅是因为发音不同造成的。为使检索词不漏检,可在变化的位置输入一个替代符，替代变化了的字母。替代符分为强制替代和选择替代。

（3）位置算符。位置算符又称邻近算符，其作用是表明两个检索词的位置关系。位置算符与逻辑"与"运算很相似，但比它更具体。逻辑"与"运算仅仅规定了检索词的同时可见，但没有规定检索词以什么位置同时出现。位置算符按照两个检索词出现的顺序和距离分为有序插入词检索、无序插入词检索和限定距离检索。

根据以上检索式的内涵和组成，在信息检索时按照需要，可以构建简单表达式和复合表达式两种检索式。

（1）简单表达式。简单表达式指单独使用一个检索词所进行的检索。一个检索词指一位著者、一个关键词、一个分类号、一个标题名（刊名、篇名、书名）等单个信息特征标识。在手工检索系统中全部使用简单表达式进行检索，在计算机检索系统中简单表达式指使用单个字段属性值所进行的检索（如著者字段中的一位具体著者姓名，题名字段中的一篇论文标题名等）。

（2）复合表达式。复合表达式指由两个或两个以上的检索词按现代检索技术所构成的复杂检索字符串。专门应用于计算机检索系统的检索技术，最早应用于联机检索系统，后来被广泛应用于计算机缩微检索、光盘检索和网络信息资源检索。制定复合检索表达式要应用到布尔逻辑检索技术、截词检索技术、限制检索技术、加权检索技术和全文检索技术等现代检索技术。

2.4.5 结果筛选与调整检索策略

通过前面几个步骤，在选择合适的检索工具中输入构造的检索式，得到检索反馈的页面，对所获得的检索结果加以系统整理，筛选出符合研究课题要求的相关文献信息，选择检索结果的著录格式，辨认文献类型、文种、著者、篇名、内容、出处等记录内容，输出检索结果。检索结果的筛选最重要的标准是相关度，即检索结果与课题内容和主题的相关度，也包括与检索目的的匹配程度；筛选的第二个标准是文献作者，包括作者及所在研究机构和团队的权威性和影响力；还有其他的一些标准，如时效性、公正性、准确性等。

当检索结果太少或太多时，就需要调整检索策略，可以说很多情况下检索往往不是一次就可以完成的,有时候需要多次迭代才能得到满意的检索结果。

当检索结果太少时,要扩大检索范围,提高查全率,具体方法是:

(1) 增加同义词、上位词,引用命中记录的关键词,使用 OR 逻辑。

(2) 去掉不重要的限制因素,如 AND 组配,用分类号进行族性检索。

(3) 进行截词检索,增加检索途径,取消某些限制过严的前后缀符、限制符等。

当检索结果太多时,需要缩小检索范围,提高查准率,具体方法是:

(1) 可采用"最专指面优先"[10]策略,提高检索式的专指性,避免使用含义宽泛的词,增加或换用下位词、专指度较高的自由词、词组,用 AND 组配。

(2) 用前后缀符限制可检字段。

(3) 用限制符限制语种、文献类型,缩短年限。

(4) 用位置符控制词间顺序与位置。

(5) 用 NOT 限制不相关信息的输出。

(6) 使用"二次检索"功能,逐渐加入限制面或在分类检索的基础上输入关键词或检索式,由宽到窄逐渐缩减。

采用上述调节方法时,要针对所检课题的具体情况和所用检索系统的客观实际综合分析、灵活运用,这就要求检索人员能够准确利用反馈信息,善于分析检索式失误的原因,从而选择有效的调整方法。在这方面,一些专业知识和丰富的检索经验将有助于提高调整工作的效率。

2.4.6 案例分析

卫星通信系统是以地面移动通信技术为基础,结合通信卫星、计算机和微电子等技术,支持用户终端互相通信的系统。卫星通信系统由于系统组成复杂、数据传输损耗与噪声种类繁多,对其进行仿真比较复杂。本节以"卫星通信系统仿真技术研究现状"这一研究题目为例,按照上述信息检索基本流程对信息检索案例进行简单分析。

1. 分析检索问题

(1) 课题所涉及的学科范围:卫星通信系统仿真技术属于航空航天、信息与通信工程、计算机技术等学科交叉领域,涵盖卫星通信技术、建模仿真等技术领域。

(2) 课题所需文献的内容及其特征：课题所需文献的类型：专著、期刊论文、学位论文、会议论文、专利文献。

年代范围：主要集中在 20 世纪 80 年代至今。

主要语种：英文、中文等。

有关作者及机构：国外主要有美国国家航空航天局（NASA）、欧洲航天局等；国内主要有哈尔滨工业大学、清华大学、国防科技大学、航天工程大学等。

2. 选择合适的检索工具

根据课题学科范围和所需文献类型，选择合适的检索系统，目标是选择报道及时、收录全面、索引完备的检索系统。可以初步选择 CNKI－期刊全文数据库、CNKI－优秀博硕士学位论文全文数据库、CNKI－中国重要会议论文全文数据库、EI、IEL、Science Direct、PQDD 学位论文（全文数据库）、百度学术等。

3. 抽取关键词

按照核心关键词抽取方法，提炼能代表研究主题概念的若干词或词组。可以直接从研究题目中直接提炼，也可以根据核心关键词、专业术语的内涵和外延进行抽取，初步形成的中英文检索词有：通信卫星；卫星通信、卫星通信系统；系统建模、通信系统仿真；Spaced Information System；Satellite Communication；Satellite Communication System；System Modeling；Communication System Simulation。

4. 构造检索式

针对卫星通信、卫星通信系统、系统建模、卫星通信系统仿真等检索词，按照逻辑算符的语法规则编制检索式，例如：卫星通信 and 系统建模，Satelite Communication * System Modeling，卫星通信系统 or 通信系统仿真 Satelite Communication System + Satelite Communication Simulation 等。

5. 检索结果示例

针对以上检索式，采用百度学术、CNKI 和美国工程索引数据库（EI）等主要检索工具进行检索，得到的结果分别如图 2－19~图 2－22 所示，在实际应用过程中可以根据实际检索结果对检索策略进行进一步优化调整。

图 2-19 CNKI 信息检索示意图 1

图 2-20 CNKI 检索结果示意图 2

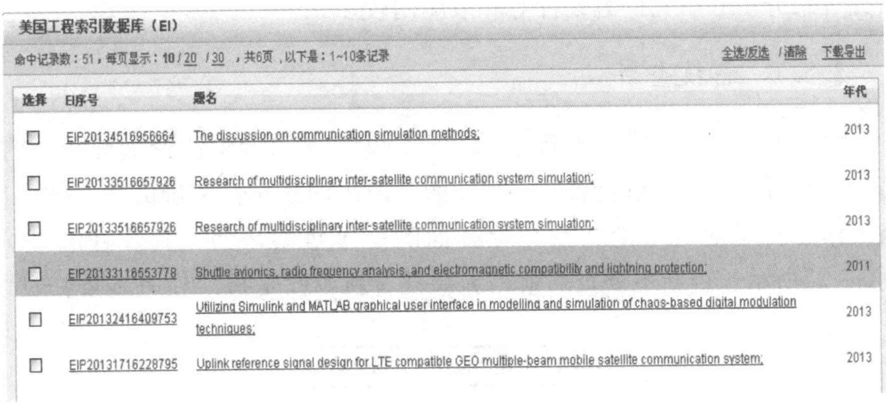

图 2-21　EI 检索结果示意图

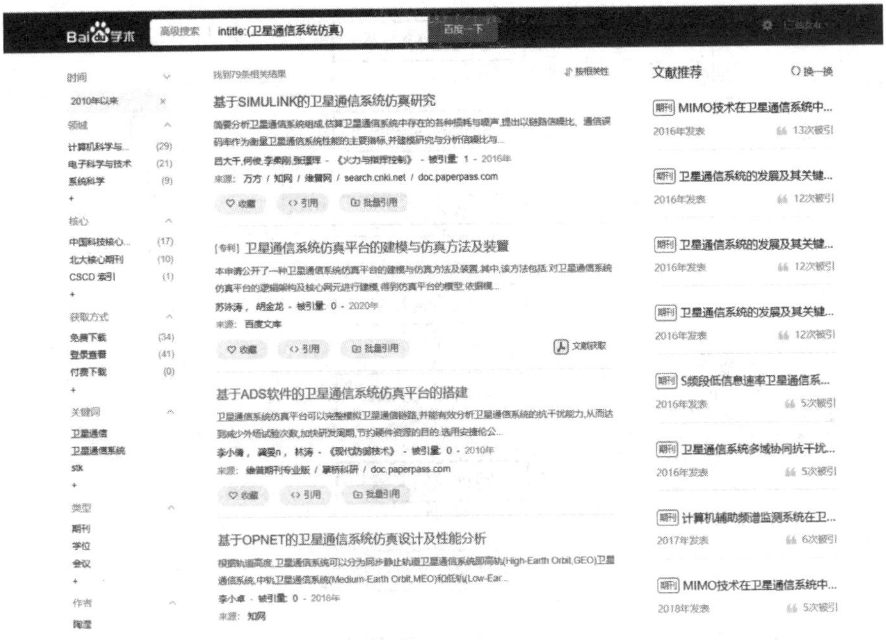

图 2-22　百度学术检索结果示意图

2.5　信息检索在科技论文写作中的应用

信息检索的应用广泛而普遍，在教学、科研、企业、政府机构以及其他的事业管理机构中应用性尤其强。在科学研究方面，信息检索可以为科研项目的选题、研究以及科技论文撰写等提供很好的帮助，在科技查新、研究背景分析和研究内容设计等环节应用较多。

2.5.1 科技查新

科研人员或高校学生在确定所撰写的论文题目或学位论文开题之前，需要针对所研究题目进行查新，来证明其成果的新颖性和价值性。科技查新工作是科学研究、论文撰写等方面的一个重要环节，其流程图[11]如图2-23所示。查新主要查的就是新颖性，新颖性是指"在查新委托日以

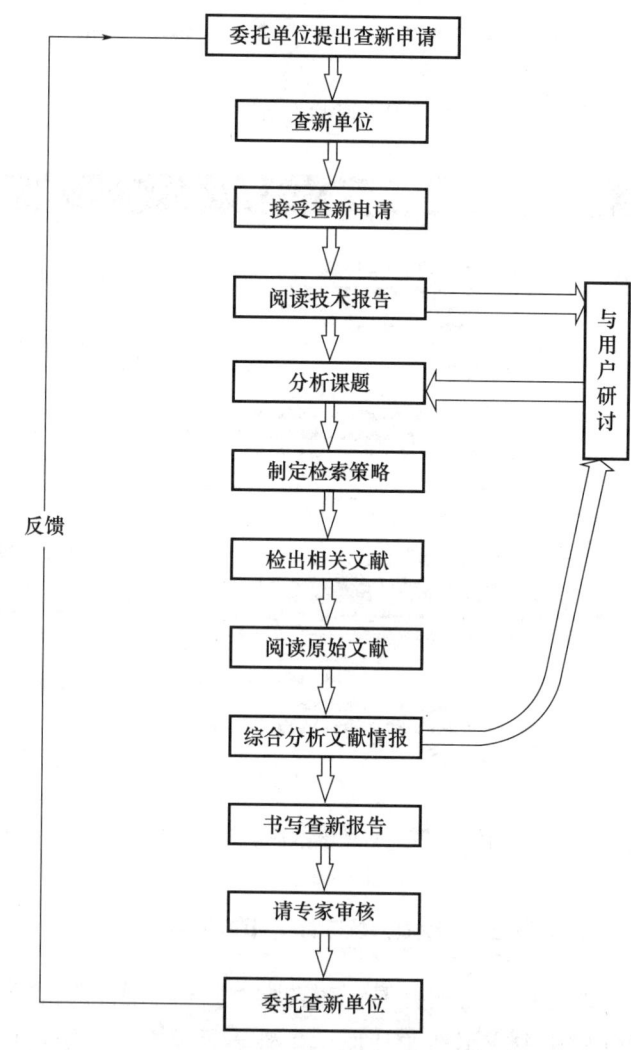

图 2-23 科技查新主要流程

前查新项目的科学技术内容部分或者全部没有在国内外出版物上公开发表过"。由此可见，科技查新的主要依据就是公开发表过的文献，因此文献信息检索是科技查新过程中关键和非常重要的环节。

1. 科技查新的文献检索范围

对某一主题进行科技查新，首先应该查询该主题有无相关的图书，而通过研究人员所在学校、单位的图书馆或者当地的联合目录进行查询都是远远不够的，可以使用联机计算机图书中心（OCLC）的 WorldCat 进行查询。WorldCat 收录了世界范围上万个图书馆的馆藏，既有中文也有外文，其检索结果比较全面。然而 OCLC 作为一个联合目录，针对刚刚出版的图书文献的收录效率还不够高，因此用户还需要对新书进行查询。对新书的查询，可以登录亚马逊、当当、京东等网上书店，通过高级检索界面中的时间限制查找出最新出版的相关图书。

由于文献发表与出版具有一定的周期性，因此最新的研究成果通常不是出现在图书中，而是发表在期刊上，所以查新的第二个方向就是查询期刊论文。综合性的中文期刊数据库主要有 CNKI、维普、万方、人大报刊复印资料索引库、全国报刊索引数据库等。常用的外文期刊主要有 *Web of Science*、*Science Direct Online*、*ProQuest* 等。其中，*Web of Science* 主要收录各个学科领域顶尖的期刊论文以及会议论文；*Science Direct Online* 是世界上最大的科学技术和医学出版社 Elsevier 的全文期刊数据库，主要收录理工科类期刊；*ProQuest* 主要收录人文和社会科学类期刊。此外，还有一些收录某一个或者某几个学科的专门数据库，如 CA、BIOSIS、MEDLINE、EI 等。对于科研人员或高校学生，在检索所需学科资料时，除了使用综合性的中外文期刊论文数据库之外，还需要查询一些本学科特有的、针对性较强的专业数据库，这样检索效果会更好。

全面性是科技查新一个很重要的评价指标，因此仅仅查询图书和期刊论文还远远不够，还要查询其他类型的文献，如学位论文、会议论文、专利、研究报告等专门类型的文献。与图书、期刊论文和会议论文相比，研究报告一般没有字数和容量的限制，能够提供更深入翔实的数据和案例，因此一定要重视研究报告的利用，比如美国政府的四大科技报告在理工科研究领域的影响力就比较大，很多重要国际组织（如联合国和经济合作组织）发布的研究报告在人文社会科学研究方面非常具有参考价值。此外，科研过程中还需要查找一些行业标准，可以通过专门的标准数据库进行检索。

2. 如何检索最新的科技成果

科技查新除了要查找图书、期刊论文、学位论文等类型文献中与研究主题相关的成果之外，尤其要注意检索关于该主题的最新成果，而这些最新成果的检索途径和前文所讲的检索途径不尽相同。例如，要查找某期刊本期甚至下一期准备刊登的论文，可以使用 Web of Science 中的 Current Contents Connect 数据库，它是把刚刚出版和准备出版的几期期刊目录放到一起的专门数据库，能够让科研人员获得新近出版或即将出版的期刊论文目录。还有 Scientific Webplus 数据库，其不仅可以检索世界顶尖期刊关于某一主题的期刊论文，还可以检索与该主题有关的网页文献。此外，很多机构自建的机构知识库（如麻省理工学院的 DISBASE 等），存放了该机构教学、科研人员和学生的大量科研成果，包括课件、研究报告、科研项目信息等，也是一个非常重要的查找最新成果的渠道。与机构库相关的另一个开放存取途径是学科知识库，主要用于存放某一学科领域的成果。举个例子，如果其他渠道尚未出现需要检索的成果，而该学科某专家刚刚写出一篇文章，其并没有在任何图书、期刊或会议上发表该成果，但却将其放在了学科库里面，这样我们就能够找到该学者的最新成果。此外，一些专家学者会在个人社交账号（如博客或者微博）上发表一些最新的观点和研究成果，我们都可以予以关注。同时，还有一些国家和机构建立了预印本服务系统，如我国的中国科技论文在线、美国洛斯阿拉莫斯实验室建立的 arcsive 等，都是世界知名的预印本项目。所谓预印本，就是论文在期刊发表之前，就已经在这些网络上的一些系统中公布出来了。

综上所述，以上几种查新途径都有助于我们查找关于某一研究领域的最新成果。因此，在对某一研究题目进行科技查新时，应该尽量全面地获得前文所述的图书、期刊论文、学位论文、会议论文、专利、研究报告、标准以及最新成果，对其进行全面仔细的阅读分析进而判断出所选研究主题是否新颖。

3. 科技查询质量评价标准

仅仅查新是不够的，查新也有质量高低之分。判断科技查新的质量主要从文件检索质量和报告质量这两个方面进行，具体判断标准如图 2-24 所示。

第2章 信息资源检索与利用

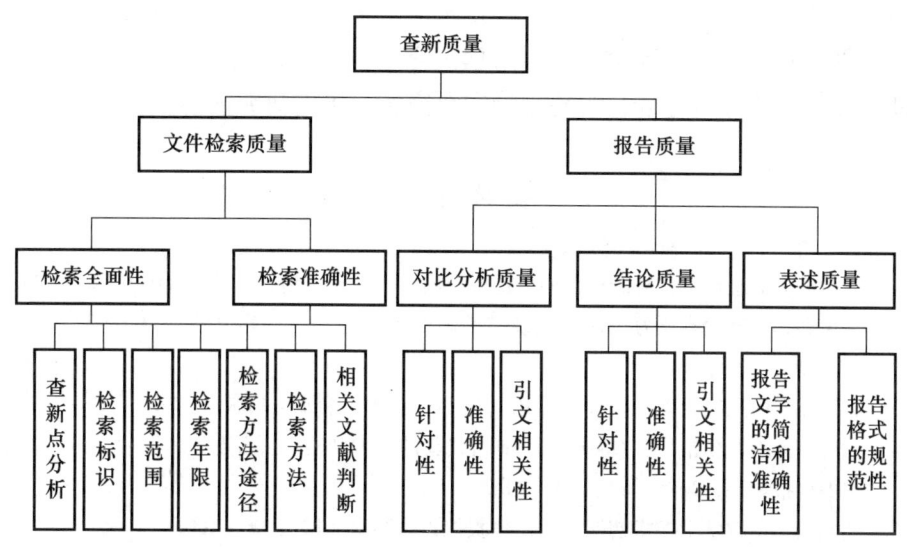

图2-24 科技查询质量的判断标准

2.5.2 检索研究背景信息

与国家社会科学基金、国家自然科学基金或者其他类型的科研项目一样,学术论文撰写中也需要有研究背景这一项。所谓研究背景就是在什么样的背景下开展该项研究,可以是在什么环境下开展研究,为什么开展这项研究,是时代发展至此需要考虑这个问题,还是以前存在但尚未解决的问题。通过调查发现,大多数论文研究中研究背景这部分的撰写质量都不高,问题主要表现在对研究背景的阐述通常就事论事,始终跳不出一个小圈子,即视野不开阔。要想写好研究背景和国内外现状这两部分,首先要立足于该研究领域,但不能局限于这个领域,也就是要把这个研究问题放在更广阔的社会背景下去考察,即除了要考虑所做研究的工作意义之外,还要考虑其对国家和社会发展、对国家大政方针和重要规划实施所发挥的作用[12]。

要想写好研究背景这部分内容,文献信息资料的搜集是非常重要的过程。文献信息检索在研究背景相关资料准备中的作用主要体现在:一是综合运用各种检索工具和检索技术系统搜集与研究主题相关的国内外研究机构研究动态、战略规划和发展趋势,明确相关学科领域或技术研究热点与难点;二是搜集整理国家层面的相关政策法规和技术发展战略规划等,明确本领域发展和研究的战略需求、技术需求以及其他需求，从而牵引本课题的研究需求，为明确论文撰写的理论意义和现实意义奠定基础；三是通过科技查新及分析综合，为规划特定研究背景下的研究内容奠定基础。

参考文献

[1] 严而清．信息检索在科研选题中的重要作用［J］．现代情报，2005（04）：28－183．
[2] 朱德利．信息检索能力层次模型及实验教学方案［J］．福建电脑，2021，37（02）：24－27．
[3] 陈兰杰．信息检索理论与方法［M］．北京：中国水利水电出版社，2011：15－16．
[4] 谢奇，关晶，杨错．后 GoogleScholar 时代新的学术利器——百度学术搜索［J］．农业图书情报学刊，2015（6）：110－114．
[5] 许剑颖．微软学术搜索初探［J］．情报探索，2012（12）：96－100．
[6] 黄如花．信息检索［EB/OL］．https：//www.icourse163.org/course/WHU－29001，2019－06－01．
[7] 杜慰存，等．信息获取与利用［M］．北京：清华大学出版社，2009（4）：50－72．
[8] 魏思玲．文献检索中主题词的选择和使用［J］．情报科学，2001，19（7）：735－736．
[9] 熊莹．关于科技文献信息检索方法的研究［J］．科技传播，2014（21）：24－25．
[10] 梁晓天．信息检索基础教程［M］．北京：科学出版社，2015（2）：48－53．
[11] 苏利英．论信息检索策略对科技查新质量的影响［J］．农业图书情报学刊，2016，28（8）：124－127．
[12] 陈硕，桂腾叶，周张颖，等．信息检索在论文写作和项目申报中的应用［J］．科技展望，2015（13）：273－275．

第3章 科技论文前置部分的写作

本章主要讨论科技论文前置部分的写作方法。科技论文前置部分包含：论文题目、作者和地址的标署、摘要、关键词等，具体如图3-1所示。

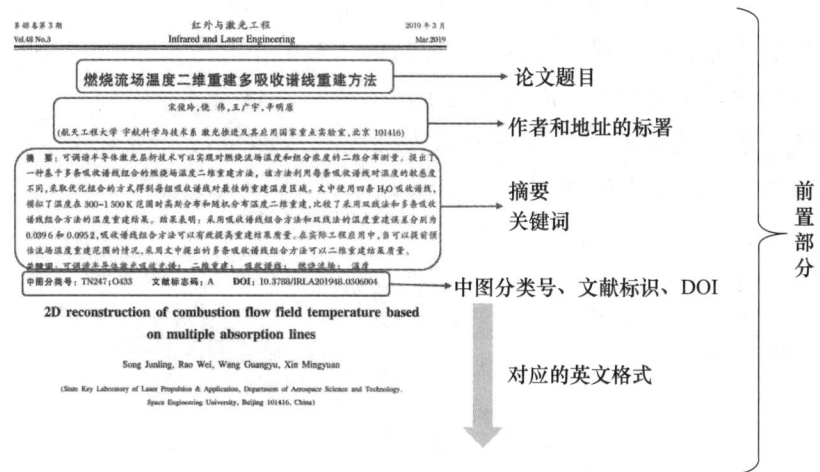

图3-1 科技论文前置部分包含的内容

3.1 论文题目

3.1.1 题目撰写的基本要求

题名，又叫文题、题目、标题（或称"总标题"，以区别于"层次标题"），是论文的总纲。题名是以最恰当、最简明的词语反映论文最重要的特定内容的逻辑组合。题目犹如人的眼睛，眼睛是心灵的窗户。同样，文如其名，读者首先关注的就是论文的题目，就像看人先看眼睛一样，好的题目非常重要。什么是好的论文题目呢？好的论文题目应该用最少的字、最准确地概括论文内容。

论文索引和摘要服务首先关注的就是论文题目。目前,很多计算机控制的文献检索系统特别是 SCI 等三大检索系统也是如此。如果论文题目不恰当,那么就可能无法有效检索到这篇论文,从而无法让论文的潜在读者阅读到。

有些期刊特别是国际期刊,对论文题目的撰写要求极高,只要主编和审稿专家觉得论文题目没有很好地反映论文内容,他们就会要求作者反复修改,直到他们满意为止,否则不予刊发。

能够反映论文主题的指标有:研究目的、研究对象、研究方法、研究结果和结论。显而易见,在题目中包括所有的内容是不太现实的。以某一方面为主,从不同角度反映论文的基本内容,建议大家在酝酿论文题目时,抓住研究方法、研究对象、研究目的(或突出其中一两个)这三个要素。这里只讨论题目撰写的基本要求。

题目撰写的基本要求可以概括为准确(Accuracy)、简洁(Brevity)、清楚(Clarity)的 ABC 原则[1],如图 3-2 所示。

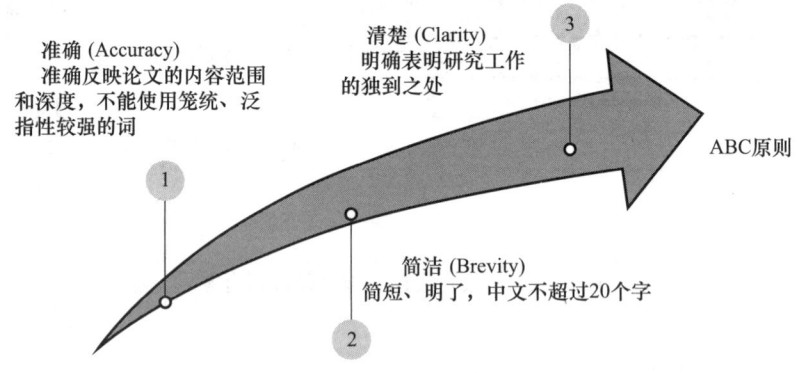

图 3-2 题目撰写遵循的 ABC 原则

1. 准确(Accuracy)

题目要准确地反映论文的内容。作为论文的"标签",题目既不能过于空泛和一般化,也不宜过于烦琐,很难使人留下较深的印象。如果题目中没有吸引读者的信息,或写得不堪理解,肯定就没有读者群了。为确保题目的含义准确,应尽量避免使用非定量的、含义不明的词,并力求用词具有专指性。

例如,"新能源的利用研究",这个题目过大,无法判断论文的内容。

"某些高强度高温合金、不锈钢、钛合金、铝合金、镁合金以及纤维增强复合材料的疲劳强度的研究",这个题目过于烦琐,分不清题目想要表述的重点,可修改为"某些航天合金材料的疲劳强度研究"。

2. 简洁(Brevity)

题目用词一定要简短、明了,以最少的文字概括尽可能多的内容。一般中文题目以不超过20个字为宜,英文以10个词左右为宜。如若能用一行文字表达,就尽量不要用两行(超过两行有可能会削弱读者的印象)。

由于某些论文中的内容复杂或科学术语结构复杂,难用10个英文词写出概括全文的标题,所以国际标准化组织建议采用主标题加副标题的办法解决标题过长问题。在制作科技论文英文标题时应注意这一国际标准和英文规范,并用冒号将主、副标题分开,不要按中文方式用破折号分开。

例如,"Chinese and western modal logic: the difference and its cause(中西模态逻辑的差异及其成因)"和"Why is Chinese modal logic different from its western counterpart(中国模态逻辑为何不同于它的西方对应物)",前者更符合国际标准化规范,而且略显简洁。

3. 清楚(Clarity)

题目要清晰地反映文章的具体内容和特色,明确表明研究工作的独到之处,力求简洁有效、重点突出。为使表达直接、清楚,更能引起读者的注意,应该尽可能地将表达核心内容的主题词放在题目开头。题目中应慎重使用缩略语。尤其对于可有多个解释的缩略语,应严加限制,必要时应在括号中注明全称。对那些全称较长,缩写后已得到科技界公认的,才可使用。为方便二次检索,题目中应避免使用化学式、上下角标、特殊符号(数字符号、希腊字母等)、公式、不常用的专业术语和非英语词汇(包括拉丁语)等。

例如,"35Ni-15Cr型铁基高温合金中铝和钛含量对高温长期性能和组织稳定性能的影响研究",题目偏长,其中"35Ni-15Cr"中的数学含义不明确,可以是百分含量、质量比、体积比或者金属牌号等,可以修改为"镍铬合金中铝、钛含量对高温性能和组织稳定性能的影响研究"。

英文题目以短语为主要形式,尤其以名词性短语最常见,即题目基本由 1 个或几个名词加上前置和（或）后置定语构成。短语型题目要确定好中心词，再进行前后修饰。题目一般不用陈述句。题目力求简洁，冠词可用可不用时均不用。句首字母大写，其余全部小写（专有名词除外，外文期刊一般要求每一个实词的第一个字母都大写）。本专业或相邻专业科技人员公知公用的缩略语可用于题目。

例如，"雾化水滴激光推进性能"翻译成英文题目，"Propulsive performances of water droplets for laser propulsion"与"Experimental study on laser propulsion with water droplets"相比较，前者要比后者明确具体。前者突出了核心词"雾化水滴的推进性能"，后者没有突出文章的主要研究对象，反而放在了最后。

3.1.2 常见问题

在编写题目的过程中需要注意以下几个问题。

（1）忌千篇一律：题名应突出论文的特异性、新颖性，不要千篇一律套用"基于"，或千篇一律地冠以"分析""研究""探讨""观察""体会"之类的陈词俗套。"研究""探讨""观察""分析"等词不是不能用，而是应在必要时用。通过分析 2011 年度全国百篇优秀博士学位论文，题目中出现"研究"的有一半左右，2013 年全国百篇优秀博士学位论文，题目中出现"研究"的达到了 60 篇左右，其实很多去掉"研究"之后，并不影响论文的表达。

（2）忌题目过大或过小：题名应紧扣文章内容，恰如其分地表述研究范围和深度，不可夸大其词，以偏概全，也不可缩小研究范。特别是题目过大的问题，一直都比较突出。另外，并不是所有已经发表的科技论文的题目都是非常好的。特别是早年的一些科技论文，包括英文科技论文，很多题目现在看来还有很大的修改润色空间。从一开始就养成良好的写作习惯，多思考多分析，确保论文题目恰当、合理。

下面分析两个题目的变化过程，便可以一目了然。

①根据专家修改意见，将"气体推进剂激光推进性能实验研究"修改为"悬摆法测量气体推进剂激光推进冲量耦合系数"，最后刊发。②学位论文的题目"激光与光电探测器相互作用效应研究"先修改为"激光与光电探测器相互作用效应的若干问题研究"，最后修改为"激光辐照碲镉汞光电探测器热效应研究"，其实最后的题目还是有点大。学位论文题目过

大的现象，目前比较普遍，希望能够引起广大读者注意。

论文题目"激光辐照 PC 型 HgCdTe 探测器的实验研究"［李修乾，等.强激光与粒子束，2003，15（1）］，仅仅界定了研究对象，略显空泛。也就是说，进一步验证了刚才提到的观点，并不是已经发表了论文，题目等各个部分就已经写得很完美了。

作者用截图的形式在图 3-3 和图 3-4 中给出了 Chinese Journal of Aeronautics 和《红外与激光工程》的一期论文目录的节选，通过分析不难发现，大部分论文题目还是不错的，特别是国际期刊上的论文题目。还有一部分论文题目需要进一步润色，或多或少存在前面提到的问题。

题目与作者	页码
Formation and evolution mechanism of metal whiskers in extreme aerospace environments: A review Z. WANG and S. WANG	1
Review on bio-inspired polarized skylight navigation F. KONG, Y. GUO, J. ZHANG, X. FAN and X. GUO	14
A review of modeling, simulation, and control technologies of altitude ground test facilities for control application X. PEI, X. WANG, J. LIU, M. ZHU, Z. DAN, A. HE, K. MIAO, L. ZHANG and Z. XU	38
Acoustic scattering mechanism and noise attenuation of circumferentially non-uniform liner with spectral-wave guide method W. DAI, X. WANG, X. WANG, G. ZHANG and X. SUN	63
Numerical investigation on unsteady characteristics of ducted fans in ground effect Y. LUO, T. AI, Y. HE, B. XU, Y. QIAN and Y. ZHANG	79
Transfer learning from two-dimensional supercritical airfoils to three-dimensional transonic swept wings R. LI, Y. ZHANG and H. CHEN	96
Exploration of acceptable operating range for a compression system in a double bypass engine R. WANG, X. YU, B. LIU and G. AN	111
Wind tunnel investigation of different engine layouts of a blended-wing-body transport Z. CUI, G. LAI, Q. WANG, Y. LIANG and Y. CAO	123
Fast advancing layer method for viscous mesh generation H. YE, J. CHEN, Y. PANG, Y. LIU and Y. ZHENG	133
A novel hybrid method for aerodynamic noise prediction of high-lift devices J. TAO and G. SUN	151
Assessment of advanced RANS turbulence models for prediction of complex flows in compressors W. SUN	162
Decomposition of mean skin friction in incident shock wave/turbulent boundary layer interaction flows at Mach 2.25 J. DUAN, F. TONG, X. LI and H. LIU	178
Measurement method and results of divergence angle of laser-controlled solid propellants used in space propulsion Y. OU, J. WU, Y. CHENG, Y. ZHANG and Y. LI	195
Influence of differential longitudinal cyclic pitch on flight dynamics of coaxial compound helicopter Y. ZHAO, Y. YUAN and R. CHEN	207
Flight dynamics modeling and analysis for a Mars helicopter H. ZHAO, Z. DING, G. LENG and J. LI	221
Fast and accurate adaptive collocation iteration method for orbit dynamic problems H. DAI, Z. ZHANG, X. WANG, H. FENG, C. WANG and Y. YUE	231
A strategy resisting wrinkling of sandwich structures reinforced using functionally-graded carbon nanotubes X. REN, S. ZHANG and Z. WU	243
A multi-objective optimization problem research for amphibious operational mission of shipboard helicopters W. HAN, Y. WANG, X. SU, B. WAN and Y. LIU	256
A compass time-space model-based virtual IP routing scheme for NTSN satellite constellations Y. JIANG, S. WU and Q. MO	280
A conducted emission mitigation method for software-defined radios through vector signal cancellation S. XIA and Q. WU	289
Template-guided frequency attention and adaptive cross-entropy loss for UAV visual tracking Y. XUE, G. JIN, T. SHEN, L. TAN and L. WANG	299
Online multi-target intelligent tracking using a deep long-short term memory network Y. ZHANG, Z. SHI, H. JI and Z. SU	313

图 3-3　2023 年 Chinese Journal of Aeronautics 第 9 期目录节选

◆特约专栏——"高光谱遥感应用"◆

航天高光谱遥感应用研究进展(特邀) ·················· 李盛阳,刘志文,刘 康,等 0303001
"高分五号"卫星大气主要温室气体监测仪(特邀) ································· 熊 伟 0303002
航天高光谱成像仪简述(特邀) ······················ 唐绍凡,鲁之君,王伟刚,等 0303003
基于天宫二号多光谱数据的青藏高原冻湖自动提取 ··· 刘 康,任海根,李盛阳,等 0303004
全景畸变正切改正的高光谱影像视场拼接方法 ········ 赵慧洁,陈 轲,贾国瑞,等 0303005
宽谱段高光谱成像仪星上波长定标方法 ·············· 王咏梅,石恩涛,王后茂 0303006

◆红外技术及应用◆

不同偏压下红外探测器噪声测试系统的设计 ·········· 田 广,徐庆安,杨 宇,等 0304001
红外预警卫星空间虚警源辐射特性分析 ·············· 李文杰,宋泽正,李广波,等 0304002
基于 Goertzel 算法的红外气体检测方法 ·············· 李唐安,李世阳,张家明,等 0304003

◆激光技术及应用◆

激光等离子体热核与激波相互作用的流动特性研究 ··· 王伟东,文 明,王殿恺,等 0306001
脉冲激光辐照 CMOS 相机的图像间断现象及机理 ····· 周旋风,陈前荣,王彦斌,等 0306002
CO_2 激光多程平移法制备高质量梯形 PMMA 微通道 ····· 吴天昊,柯常军,姜永恒,等 0306003
燃烧流场温度二维重建多吸收谱线重建方法 ·········· 宋俊玲,饶 伟,王广宇,等 0306004
激光光内送粉仰面熔覆工艺研究及优化 ·············· 史建军,石 拓,石世宏,等 0306005
高亮度半导体激光器无输出耦合镜光栅外腔光谱合束 ··· 孙舒娟,谭 昊,孟慧成,等 0306006
双光子制备的微结构及其装配的研究 ················ 夏锦涛,张 超,陶卫东,等 0306007

◆激光雷达技术◆

距离向扫描合成孔径激光雷达目标三维重建 ·········· 张珂殊,吴一戎 0330001
末敏弹线阵激光雷达对地面装甲目标的提取方法 ····· 武军安,郭 锐,刘荣忠,等 0330002
基于共面约束的多线激光雷达相对位置关系校检 ····· 张 顺,黄玉春,张文俊 0330003

图 3-4 2019 年《红外与激光工程》第 3 期目录节选

3.1.3 英文题名的句式类型[5]

1. 名词短语式题名

名词短语式题名是常用的一种类型,论文题名通常由名词性短语构成,其中的动词多以分词或者动名词形式出现。

Ecological responses to recent climate change(新近气候变化的生态响应/生态对新近气候变化的响应. Nature,2002,416:389-395)

作者用 5 个实词简明、清楚地表达了研究主题 Ecological responses 和研究对象 recent climate change。

2. 主副题名

在内容层次较多、难以简化的情况下,最好采用主副题名形式,主题名强调或者突出重点，副题名解释、补充、说明。主副题名因其层次清楚、逻辑简明的特点而被国际一流期刊的作者广泛采用。

Laser absorption sensing systems: challenges, modeling, and design optimization（激光吸收探测系统：挑战，模型和优化设计. Applied Science, 2019, 9: 2723）

作者用4个词在主题名中强调了研究重点，紧接着在副题名中阐述了研究范围。

3. 陈述句式题名

由于陈述句很容易使题名具有判断式的语意，即使用一般现在时在题名中大胆地提出结论，而在正文中却常常是探讨性的论证，因此这种类型的题名比较少见。

Acrylamide is formed in the maillard reation（丙烯酰胺形成于美拉德反应。Nature, 2002, 419, 448-449.）

4. 疑问句式题名

多用于评论性论文，使用探讨性的疑问句型可以使题名显得比较生动，容易引起读者的兴趣。

Dynamic capabilities: what are they?（动态能力：它们是什么？Strateg Manag J, 2000, 21, 1105-1121.）

Is there a road ahead for cellulosic ethanol（纤维素乙醇？Science, 2010, 329: 784-785）

Which way for genetic-test regulation?（Nature, 2010, 466: 816）

5. 系列题名

主题名相同，文章序号和副题名不同的系列论文题目，非常少见。

系列论文的主题名重复，并且正文中重复部分（如引言）也难免较多，不够简明；读者仅阅读其中某一篇论文难以了解研究工作的全貌；如果系列文章的某一篇不被同一刊物接受发表，则有失连贯性，影响读者阅读；论文题名录入数据库或者上网时，如果遗漏副题名（经常发生），在检索时会出现两篇或者多篇文章题名相同的情况。

对读者来说，每篇文章都应该展示相对独立的研究成果，因此作者应该尽可能将系列成果的文章独立成文，分别发表。

Highly sensitive, calibration-free WM-DAS method for recovering absorbance—part Ⅰ: theoretical analysis（重建吸光度的高灵敏免标定WM-DAS

方法——第一部分：理论分析. Sensors, 2020, 20 (3): 681)

Highly sensitive, calibration - free WM - DAS method for recovering absorbance—part Ⅱ: experimental analysis（重建吸光度的高灵敏免标定 WM - DAS 方法——第二部分：实验分析. Sensors, 2020, 20 (3): 616)

3.1.4 英文题名的句法与表达[5]

1. 词序不当问题

题名最好由最能反映论文核心内容的主题词来扩展，要注意采用正确的单词顺序，形容词应与其所修饰的名词紧密相邻。

Cars blamed for pollution by scientists（科学家造成的污染归咎于汽车）

Cars blamed by scientists for pollution（科学家将污染归咎于汽车）

Neutrons caused chain reaction of Uranium nuclei（中子引起铀核链式反应）

Chain reaction of Uranium nuclei caused by neutrons（将陈述句名词短语，显得更自然、妥当）

2. 介词问题

（1）of 和 for 的使用：of 表示所有关系，for 表示目的、（方法的）用途。

A design method for sliding mode robust controller with feed forward compensator is presented.（提出了一种具有前馈补偿的滑膜鲁棒控制器设计方法）

A new method of attitude control（一种新的姿态控制方法）

（2）中文"……的"的英文表达：不要用多个 of 嵌套，这样很难清楚地表达题名的意思，不利于读者理解。

Linear programming method of optimization of systems of partial differential equation.

Linear programming method for optimization of partial differential equation systems.（偏微分方程系统最优化的线性程序设计方法）

Formulation of equations of vertical motion of finite element form for vehicle - bridge interaction system.

Finite element based formulations for vehicle - bridge interaction system considering vertical motion.（车桥相互作用系统有限元形式的竖向运动

方程)

(3) 中文"……的"的英文表达：使用部分习惯用法。

An advanced treatise on physical chemistry

Proceedings of the international conferences on thermal analysis

An introduction to classical and statistical thermohynamics

Thermal analysis：fundamentals and applications to polymer science

Experimental techniques in low temperature physics

Progress in separation and purification

Engineering design with rubber

Effect of thermal history on the deformation and failure of polyimides

(4) "with + 名词"短语：题名中经常使用名词作形容词，修饰另一个名词，如果前者是后者所具有的一部分，或者是后者所具有的性质、特点时，在英语中需要用前置词"with + 名词（前者）"组成的前置短语作形容词，放在所要修饰的名词之后。

"具有中国特色的新型机器"应该翻译为 New types of machines with the Chinese characteristics，而不是 Chinese characteristics machines。

"异性界面工作轮"应该翻译为 rolling wheel with noncircular section（或 rolling wheel with special shaped section），而不是 noncircular section rolling wheel。

3. 名词堆砌问题

中式思维翻译出来的英文题目经常出现大量的名词堆砌现象，将核心词埋没在一长串的起修饰作用的名词中，很容易引起歧义。

Factors influencing primary liver cancer resection survival rate 应该修改为：Factors influencing survival rate after resection of primary liver cancer（原发性肝癌切除后病人存活率的影响因素）。

4. 遣词及指代问题

题名中的遣词、搭配、指代等决定了题名的准确和清楚程度，模糊不清的题名会给读者和索引带来麻烦和不便，尽量避免。

The effects of vioform（氯碘喹啉）on its onset（its 指代不清）

A complication（并发症）of <u>translumbar aortography</u>（经腰部主动脉造影术）（complication 指代不具体）

5. 题名中单词的大小写问题

题名中字母主要有全部大写、首字母大写、每个实词首字母大写三种形式，作者应该遵循投稿期刊的要求。对于专有名词首字母、首字母缩略词（如 AIDS、DNA）、德语名词首字母、句点（.）后单词的首字母等均应该大写。

3.2 作者和地址的标署[5]

3.2.1 一般规则

科技论文写作只有这部分内容最简单。

论文作者仅限于那些对实验的总体设计和实施有主要贡献的人。论文作者具备三个条件：一是作者在完成过程中直接参加课题研究的全部或主要部分工作，并做出主要贡献；二是作者应为作品的创作者，并且是作品的直接责任者；三是作者对作品具有答辩能力，并且是作品的直接责任人。

论文作者署名顺序有四种顺序模式：贡献力递减模式、姓氏顺序模式、随机模式、U 型模式。我国使用较多的是贡献力递减模式，国外较为常见的是贡献力递减模式和 U 型模式。U 型模式即贡献力最大的作者位于第一作者和末尾作者。第一作者被视为主要作者；第二作者被视为主要协助人；第三作者的贡献可能与第二作者贡献相当，但更可能是比第二作者的贡献小。如果论文有三位或更多位作者，"重要"的作者都会希望把自己的名字放在作者名单中的第一位或最后一位，而不是放在中间。

3.2.2 通信作者、共同第一作者和第一作者的区别

通信作者（corresponding author）通常是实际统筹处理投稿和承担答复审稿意见等工作的主导者，多为研究生导师、课题负责人或者基金申请人。通信作者须对研究做出实质性贡献并全面承担课题总体设计，能够全面熟悉把握课题研究过程中的数据资料、分析论证结果，能够对论文负全面责任。通信作者贡献不亚于论文的第一作者，对于欧洲某些按姓名字顺排列作者署名的期刊来说，通信作者的标识就显得更重要。

如果两个作者对论文的贡献是相同的，可以采取"共同第一作者"（joint first author）[2-3]的署名方式，有一些跨领域的合作研究中，会有共

同第一作者或共同通信作者（co-corresponding author），为了避免"共同作者"的署名被不正当使用，需要作者做出额外的说明（这些作者对研究工作的贡献是相同的）。这种署名方式比较少，国内外各种学术期刊对于共同第一作者的署名方式不尽相同。

第一作者（first author）是该论文的主要贡献者，一般是该文工作中贡献最大的研究人员。此作者不仅绘制了最多最重要的图表（即体力上的贡献），也是文章初稿的撰写人（即对该文的智力贡献）。其实，一些反映导师重要观点的文章，导师既是第一作者又是通信作者。

通信作者和第一作者若是同一人，即省略了通信作者。只有在通信作者和第一作者不一致的时候，才有必要添加通信作者。学术界的国际同行很看重通信作者，如果是自己很有分量的文章，建议不要随便将其他人作为通信作者。通信作者的好处是能和外界建立更广泛的联系。一些期刊会约你审稿，写综述。这些都会有效提高你在学术界的地位。文章的成果是属于通信作者的，也就是说研究思路是通信作者提出的，而不是第一作者。

同时，要注意给予所有对此工作有贡献的人员恰当的承认。那些对研究工作有显著贡献的人应该被列入共同作者。在投稿时，通信作者要确认所有被列入作者名单的人都同意投稿，承担包括所有共同作者并且仅仅包括共同作者的责任。通信作者代表所有作者签署版权转让协议。

3.2.3　正确而一致的署名方式

英语国家作者署名的通用形式为：首名（first name），中间名首字母（middle initial），姓（last name）。中间名不使用全拼，是为了方便计算机检索和文献引用时对作者姓和名的识别。如 Robert Smith Jones 的表达方式有可能导致难以区分其中的姓是 Jones 还是 Smith Jones，但是 Robert S. Jones 的表达就使得姓和名的区分简洁、明了。

中文人名按姓和名分开写，姓和名的首字母大写，例如，Wang Lijun（王立军）、Dongfang Shuo（东方朔）、Zhuge Kongming（诸葛孔明）。

作为作者本人，应该采用相对固定的英文姓名表达形式，以便减少文献检索和论文引用时被他人误解的可能，防止统计个人学术成果时出现遗漏。

3.2.4 作者地址的标注

尽可能地给出详细通信地址和邮政编码。如果有两位或多位作者，则按照作者的先后顺序将其列出，并以相应上标符号的形式列出与相应作者的关系。

如果论文发表时，作者已经到另外的新单位（不同于投稿时作者完成该研究工作的地址）工作，新地址应以"present address"（现地址）的形式在脚注中给出，这种做法对于了解作者的就职单位十分有用，同时也有利检索系统统计研究机构的论文产出，这样也有利于新单位对作者学术成果的统计。

如果第一作者或者通信作者同时为其他单位的兼聘或者客座研究人员，并且为了体现成果的归属，需要在论文中同时标注作者实际所在单位和受聘单位地址，还一定要清楚地指明作者的有效通信地址。

如果第一作者不是通信作者，作者应该按期刊的相关规定表达，并提前告知期刊编辑。期刊大部分以星号（*）、脚注形式或者在致谢部分给出通信联系信息。

期刊作者和通信地址的标注如图 3–5 所示。

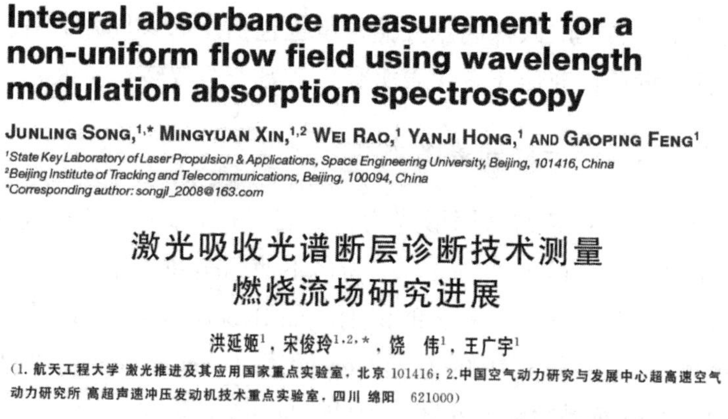

Integral absorbance measurement for a non-uniform flow field using wavelength modulation absorption spectroscopy

JUNLING SONG,[1,*] MINGYUAN XIN,[1,2] WEI RAO,[1] YANJI HONG,[1] AND GAOPING FENG[1]

[1]State Key Laboratory of Laser Propulsion & Applications, Space Engineering University, Beijing, 101416, China
[2]Beijing Institute of Tracking and Telecommunications, Beijing, 100094, China
*Corresponding author: songjl_2008@163.com

激光吸收光谱断层诊断技术测量燃烧流场研究进展

洪延姬[1]，宋俊玲[1,2,*]，饶 伟[1]，王广宇[1]

(1. 航天工程大学 激光推进及其应用国家重点实验室，北京 101416；2.中国空气动力研究与发展中心超高速空气动力研究所 高超声速冲压发动机技术重点实验室，四川 绵阳 621000)

图 3–5 作者地址的标署 1

在论文首页的页脚处，以脚注的形式给出论文的基金支持、收稿和修订日期，以及第一作者和通信作者的简介，并给出联系方式（图 3–6 和图 3–7）。国内期刊多数只给 E–mail 联系方式，国际期刊很多需要提供联系电话。图 3–7 给出的例子中，第一作者和通信作者分别由两个不同的作者担任。

> **收稿日期：2017-02-20；修订日期：2017-07-16**
> **基金项目：国家自然科学基金(61505263,61505262)**
> **＊通信作者 E-mail：songjl_2008@163.com**

图 3-6 作者地址的标署 2

> ＊ 收稿日期：2020-05-08；修订日期：2020-07-21。
> 基金项目：国家自然科学青年科学基金（61505263）；北京市自然科学基金（1194028）。
> 作者简介：辛明原，博士生，研究领域为可调谐半导体激光吸收光谱技术的测量及燃烧流场的二维重建。
> E-mail：ybgaxmy@163.com
> 通讯作者：宋俊玲，博士，助理研究员，研究领域为研究领域为可调谐半导体激光吸收光谱技术的测量及燃烧流场的二维重建。E-mail：songjl_2008@163.com

图 3-7 作者地址的标署 3

3.3 摘要

3.3.1 摘要的功能

摘要是论文的缩微版本，读者看完摘要之后就能迅速而准确地获知文章的基本内容，从而知道自己是否对该文章感兴趣，并进而决定是否有必要通读全文。同时还为科技情报人员和计算机检索提供方便。目前，几乎所有期刊都要求撰写英文摘要，而且撰写英文摘要的水平高低，将直接影响到该文章是否能够被 SCI 等主要检索工具收录，本部分将简单讨论一下英文摘要的撰写问题。

3.3.2 摘要的分类

（1）报道性摘要：指明文献的主题范围及内容梗概，反映论文的目的、方法及主要结果与结论，以有限的字数向读者提供尽可能多的定性或定量信息，充分反映论文研究工作的创新之处，一般 300 字左右。多数期刊常用这种摘要形式。

（2）指示性摘要：指明文献的论题及取得成果的性质和水平，目的是使读者对论文研究的主要内容有概括性的了解，一般 200 字左右。

（3）报道—指示性摘要：介于上述两者之间，以报道性摘要的形式表述文献中信息价值较高的部分，而以指示性摘要的形式表述其余部分，一般 200～400 字。国际会议论文投稿时，有时候会要求使用这种摘要形式。

3.3.3 一般写法

摘要应具有独立性和自明性[4]；摘要中应排除在本学科领域已成为常识的内容；客观、如实反映论文主要内容，一般不要对论文内容做诠释和评论；不简单重复题名中已有的信息；中文期刊一般要求采用第三人称的写法，建议采用"对×××进行了研究""报道了……现状""进行了……调查"等表述方法，以标明文献性质和文献主题，不必使用"本文""作者"等作为主语；使用规范化的名词术语，不用非本专业或相邻专业公知公用的符号和缩略语；不应出现公式、图表、化学结构式、特殊字符、参考文献的序号，采用法定计量单位。

各种数学符号、上下脚标及希腊字母（μ、π、θ、γ、ε、α），不便于输入，而且易出错，影响摘要本身的准确性和可读性，希望在摘要中尽量不用或少用特殊字符及数学表达式，改用文字表达或文字叙述。例如"导热系数 ρ"中的"ρ"即可去掉。又如公式"$\Phi = A\mu\alpha - \chi$"或更复杂的表达式应设法取消。

大部分期刊一般要求摘要写成报道性摘要或报道—指示性摘要。一般包括原始论文的重要内容梗概，主要由三部分组成。①目的：主要说明作者写此文章的目的，或说明本文主要想解决的问题。②过程及方法：说明作者主要工作过程及所用的方法，也包括众多的边界条件，使用的主要设备和仪器。③结果或结论：作者在此工作过程最后得到的结果和结论，尽量写得明确具体一些；如有可能，尽量提一句作者所得到结果和结论的应用范围和应用情况，切忌自我评价。

摘要部分可以说是"麻雀虽小，基本上五脏俱全"，写作难度较大。有些期刊特别是国际期刊对摘要的字数有严格限制，这就需要作者必须能够做到用十分简洁的语言，把全文核心内容总结出来。建议初学者可以在全文写完之后再总结这一部分内容。

请看这篇摘要：

开展装备保障基本理论的研究，是装备保障学学科建设的重要内容，也是推进装备保障实践科学发展的基本前提。针对装备保障基础理论研究相对薄弱的实际情况，必须认真梳理军事后勤学经典著作中关于装备保障的科学认识，进一步明确理论保障学的主要内容，充分认识装备保障的地位作用，深刻理解装备保障与战略的关系，科学把握装备保障的指挥本质。

是不是缺少了一些要素？

将摘要原稿cm级空间碎片对人类航天活动的危害很大，用高能激光进行清除是减缓其危害性的最有效手段。分析了激光清除空间碎片的直接烧蚀和烧蚀反喷两种模式，讨论了空间碎片在激光作用下烧蚀反喷的变轨原理和进入大气层烧毁的过程。空间碎片运行速度与速度增量之间的夹角大于90度，才能满足进入大气层烧毁的条件；cm级空间碎片的清除，需要10万瓦以上的高功率激光器。

按照专家意见，修改为：

为了研究高能激光对cm级空间碎片的清除过程，通过分析空间碎片在激光作用下的变轨过程，建立了物理模型；数值模拟了空间碎片在激光作用下烧蚀反喷进入大气层烧毁的过程。结果表明空间碎片运行速度与速度增量之间的夹角大于90度，才能满足进入大气层烧毁的条件；cm级空间碎片的清除，需要10万瓦以上的高功率激光器。

是不是有了较大改进？研究目的、研究方法部分是不是更明确了？

以下这篇摘要是不是写得比较清晰，可读性不错？

以抛物形和锥形喷管为研究对象，开展了雾化水滴的脉冲式 TEA CO_2 激光推进性能的实验研究。冲量的大小由压电传感器测量得出的推力随时间的变化关系曲线得出。雾化水滴的能量转化效率达到了26.1%，比冲达到了102s。对于较短的喷管而言，聚焦位置距离喷管顶部越近，推进性能参数越高。喷管构形对推进性能的影响比较明显，抛物形喷管的推进性能优于锥形喷管。

3.3.4 英文摘要

国内论文中的英文摘要一般是中文摘要的转译，但内容不一定与中文摘要完全对应。应力求简洁、准确。长度在200单词左右（实词）为宜。摘要的第一句切不可与题名重复。缩短摘要的方法有：①取消不必要的字句；②对物理单位及一些通用词可以适当进行简化；③取消或减少背景情况；④限制摘要只表示新情况、新内容，过去的研究细节可以取消；⑤谈及的未来计划不纳入摘要；⑥尽量简化一些措辞和重复单元。图3-8为

《航空学报》英文版摘要的要求。

> Abstract should be about 150-200 words which can conclude the whole content of the paper (including purpose, method, results and conclusion). Equations, figures and tables, as well as references are not supposed to appear in this part.
>
> When abbreviation is firstly used, it should contain the full name with its abbreviation included in parentheses, such as "signal to noise ratio (SNR)". Do NOT use the first person as subject. Do NOT repeat the title as the first sentence of the abstract. Simple sentence and active voice are preferred, and verb should be close to the subject.

图 3-8 《航空学报》英文版摘要的要求

摘要叙述应简明,逻辑性要强。句子结构应严谨完整,尽量用短句子。技术术语尽量用工程领域的通用标准。可用动词的情况尽量避免使用动词的名词形式。注意冠词用法。避免使用较长的系列形容词或名词来修饰名词,可用预置短语分开或用连字符断开名词词组,作为单位形容词(一个形容词)。不使用俚语、外来语表达概念,应该用标准英语。语言要简练,但不得使用电报语言。文辞要淳朴无华,不使用文学性描述手法。组织好句子,使动词尽量靠近主语。用重要的事实开头,尽量避免用辅助从句开头。删繁从简。摘要词语拼写,用英美拼法都可;但每篇论文中应该保持一致。英文题名开头第一词一般不用 The、An 和 A。题名中尽量少用缩略词,必须要用的时候,也要在括号中注明全称(中文文献题名中常用英文缩略字或汉语拼音缩略字);特殊字符及公式尽量不用或少用。

1. 写作时态

摘要所采用的时态应因情况而定,力求表达自然、妥当。写作中可大致遵循以下原则:

(1)介绍背景资料时,如果句子的内容是不受时间影响的普遍事实,应使用现在时;如果句子的内容是对某种研究趋势的概述,则使用现在完成时。

(2)叙述研究目的或主要研究活动时,如采用"论文导向",多使用现在时(如 This paper presents…);如采用"研究导向",则使用过去时(如 This study investigated…)。

(3)概述实验程序、方法和主要结果时,通常用现在时。

(4)叙述结论或建议时,可使用现在时、臆测动词或 may、should、

could 等助动词。

2. 写作人称和语态

有相当数量的作者和审稿人认为，科技论文的撰写应使用第三人称、过去时和被动语态。但调查表明，科技论文中被动语态的使用在 1920—1970 年曾比较流行。由于主动语态的表达更为准确，且更易阅读，因而目前很多期刊提倡使用主动语态。国际知名科技期刊 Nature、Cell 等尤其如此，第一人称和主动语态的使用十分普遍。

为了简洁、清楚地表达研究成果，在论文摘要的撰写中不应刻意回避第一人称和主动语态。

3. 摘要的常用表达方法

摘要的英文表达要求用词简明、层次清楚，简单介绍一些特定的规范表达，希望能够对初学者有所帮助[5]。

（1）回顾研究背景，常用词汇有：review、summarize、present、outline、describe 等。如 This paper outlines some of the basic methods and strategies and discusses some related theoretical and practical issues.

（2）阐明写作或研究目的，常用词汇有：purpose、attempt、aim 等。另外还可以用动词不定式充当目的状语。

（3）介绍论文的重点内容或研究范围，常用词汇有：study、present、include、focus、emphasize、emphasis、attention 等。

（4）介绍研究或试验过程，常用词汇有：test、study、investigate、examine、experiment、discuss、consider、analyze、analysis 等。

（5）说明研究或试验方法，常用词汇有：measure、estimate、calculate 等。

（6）介绍应用、用途，常用词汇有：use、apply、application 等。

（7）展示研究结果，常用词汇有：show、result、present 等。

（8）介绍结论，常用词汇有：summary、introduce、conclude 等。

（9）陈述论文的论点和作者的观点，常用词汇有：suggest、report、present、explain、expect、describe 等。

（10）阐明论证，常用词汇有：support、provide、indicate、identify、find、demonstrate、confirm、clarify 等。

（11）推荐和建议，常用词汇有：suggest、suggestion、recommend、recommendation、propose、necessity、necessary、expect 等。

下面给出一篇英文文章的摘要[6],请体会一些表达方法,仅供大家写作时参考:

Specific impulse, thrust, and other dynamic characteristics of solid elemental propellants for ablative laser propulsion are studied experimentally with the aid of a piezoelectric force sensor. This sensor allows direct measurements of applied thrust. Experimental results show that the highest specific impulse, similar to 4000 s, occurs for carbon and aluminum, whereas the highest coupling coefficient (8 dyne/W) was observed for lead targets. The ablation time, derived from independent time – of – flight (TOF) experiments and used for the calculation of impulses, was similar to 1.5 μs for the majority of the elements studied. These new measurements confirm a decrease of specific impulse and an increase in thrust with increasing atomic mass of the propellant; the major trend previously determined from TOF experiments. The plasma image analysis also confirms the previously reported angular independence of ion velocity, established after the first 100 ns of plasma life. In previously reported TOF studies, all observations were based on the ionic component ejected from a laser – ablated material. An almost fivefold reduction in the absolute values of the specific impulse was observed in the current effort. This result is attributed to "dilution" of the high specific impulse values for ions by slower atomic neutrals and larger fragments. Among all of the tested elements, aluminum is found to provide the optimum tradeoff for I – sp and thrust values.

3.4 关键词

3.4.1 关键词的作用

关键词是科技论文的文献检索标识,是表达文献主题概念的自然语言词汇。科技论文的关键词是从其题目、摘要和正文中选出来的,能够反映论文主题概念的词或词组。

随着科学技术的迅速发展,各学科论文总数急剧增长,科技工作者已没有精力通览其研究领域内的全部纸质文献。随着信息化水平的提高和计算机的普及,科技工作者已在很大程度上改变了传统的手工检索方式,而是主要依赖计算机,通过关键词检索,从各大型电子文献数据库中迅速查找到自己所需要的文献信息。因此，关键词的作用越来越受到人们的重视。论文不标注关键词，就检索不到，文献数据库就不会收录此类文章，可以说关键词选用是否得当，关系到文献被检索的概率和成果的利用率。

关键词与摘要一样，也是论文主题内容的浓缩，但比摘要更精练，更能揭示论文的主题要点。关键词通常应具备三个特点：关键性，对全文内容具有串联作用；便于检索和索引，易于计算机技术处理；必须是名词或名词性词组[1]。

3.4.2 关键词的选取方法

可以通过下述方法来选取关键词：

（1）根据标题标引关键词。有的论文从标题上就一目了然，选出关键词。

（2）根据摘要标引关键词。有时单从标题上不能直接找出适当的关键词，即可从摘要中寻找适当的关键词。

（3）根据学科标引关键词。有的论文用上述两种方法无法确定出适当的关键词，需要在通读全文的基础上，分析论文论述的内容，并根据学科和研究方向选取关键词。

作者在互联网上检索资料时发现，谭丙煜在《论文写作规范》中指出，一般需要在摘要之后列出不少于 4 个且不多于 8 个关键词。而且认为关键词应该按以下顺序选择，作者认为具有一定参考价值，只是我们很难做到如此规范。这里引用一下，仅供参考。

第 1 个关键词应列出论文的主要工作或内容所属二级学科名称。学科体系采用国家技术监督局分布的《学科分类与代码》（GB/T 13745—2009）。

第 2 个关键词应列出论文研究成果名称或文内若干成果的总类别名称。

第 3 个关键词列出论文在得到上述成果或结论时采用的科学研究方法的具体名称。对于综述和评论性文章，此位置分别写"综述"或"评论"等。对科学研究方法的研究论文，此处不写被研究的方法名称，而写所应用的方法名称。前者出现于第 2 个关键词的位置。

第 4 个关键词列出在前 3 个关键词中没有出现的，但被论文作为主要研究对象的物质名称；或者在题目中出现的作者认为重要的名词。

如有必要，第5、6个关键词等列出作者认为有利于检索和文献利用的其他关键词。

3.4.3 关键词选取中存在的问题

（1）关键词不关键。如果选出的关键词不关键，则失去了关键词的本质意义。

（2）外延太大，失去检索意义。如果关键词外延太大，则读者就很难或者无法依照关键词检索到该论文。

（3）以动词、形容词等作关键词，造成了关键词数量的庞杂和检索的困难。

（4）以字或句子作关键词。

（5）关键词太多或太少。这是为了保证从多个渠道检索到该论文。关键词选取太多或太少，都不能很好地起到快速、方便地检索到该论文的目的。

3.5 中图分类号

中图分类号是在投向中国国内期刊时经常要用到的一个号码，编辑一般要作者提供。目前，国内大部分图书馆均采用《中国图书馆分类法》（第四版）作为馆藏分类体系，因此去图书馆查阅该书就可以了。

另外在网上也可以查到中图分类号，如通过 https：//www.clcindex.com/可以查到详细的中图分类号。

3.6 文献标识码

为了便于文献的统计和期刊评价，确定文献的检索范围，提高检索结果的适用性，每一篇文章或资料应标识一个文献标识码。在向中文期刊投稿时，有些编辑部要求提供文献标识码。文献标识码主要包括以下5种：

A——理论与应用研究学术论文（包括综述报告）；

B——实用性技术成果报告（科技）、理论学习与社会实践总结（社科）；

C——业务指导与技术管理性文章（包括领导讲话、特约评论等）；

D——一般动态性信息（通讯、报道、会议活动、专访等）；

E——文件、资料（包括历史资料、统计资料、机构、人物、书刊、知识介绍等）。

不属于上述各类的文章以及文摘、零讯、补白、广告、启事等不加文献标识码。

中文文章的文献标识码以"文献标识码："或"［文献标识码］"作为标识，如文献标识码：A。

英文文章的文献标识码以"Document code："作为标识。

参考文献

[1] 科研狗英文科技论文撰写避坑指南［EB/OL］.（2021 - 08 - 04）［2023 - 09 - 26］https：//blog.sciencenet.cn/blog - 565899 - 1298320.html.

[2] 张峻.关于共同第一作者与作者贡献的署名问题［J］.编辑学报，2010，22（5）：397 - 399.

[3] Asher WB, Terry DS, Gregorio GGA, et al. GRCR - mediatecl β - arrestin activation deconvoluted with single - molecule precision［J］. Cell, 2022, 185（10）: 1661 - 1675.

[4] 汪再非，潘亚莉.编辑视角下的论文摘要写作误区及其对策［J］.中国科技期刊研究，2006，17（6）：1212 - 1213.

[5] 任胜利.英语科技论文撰写与投稿［M］.北京：科学出版社，2018：45 - 50.

[6] Pakhomov A V, Thompson M S, Swift W, et al. Ablative laser propulsion：Specific impulse and thrust derived from force measurements［J］. AIAA Journal. 2002, 40（11）: 2305 - 2311.

第4章 科技论文引言的写作

4.1 引言的作用

引言作为论文正文的第一部分，是论文的开场白。大部分期刊要求论文正文的第一部分标题就叫作"引言"。有些期刊刊登的论文，正文部分的第一段内容没有标题，其实就是引言部分，也就是说，引言部分是必不可少的。

引言部分应该以简短的篇幅介绍论文的写作背景和目的，以及相关领域内前人所做的工作和研究的概况，说明该研究与前人工作的关系，目前研究的热点、存在的问题及作者工作的意义，引出该文的主题给读者以引导。也就是要说清楚，为什么要开展论文的研究工作。

引言也可以点明论文的理论依据、实验基础和研究方法，简单阐述其研究内容，三言两语预示该研究的结果、意义和前景，但是不必展开讨论。

大部分审稿专家会花一点时间看一下论文的题目、摘要和引言部分；同样地，读者也会非常关注引言部分，因为他们看完了引言部分，就知道这篇文章有没有意义，有没有必要再继续读下去了。因此，引言部分如果写不好，很可能会被审稿专家直接"枪毙"，即使侥幸过了审稿专家这一关，读者群的数量也会大打折扣，很难达到交流学术思想的目的。

引言部分既要求言简意赅，又要引人入胜（当然不是靠修辞手法，科技论文永远都不需要这么做），使读者有继续阅读下去的欲望。这部分内容毫无疑问是最难写的部分，初学者也可以先写后面的部分，再写这一部分内容。

4.2 引言的主要内容

基本内容应该包括研究背景、存在问题、研究目的、研究范围四个方面。图4-1给出了2021年发表在《红外与激光工程》的论文《超声速燃烧场高密度光学测量环设计方法研究》[3]引言的例子,供参考。

将吸收光谱技术与CT技术相结合,可以实现对流场的二维分布测量,但是在实际测量中,发动机尺寸、测量环境等因素,限制了安装测量探头的位置和大小。目前,采用主要分立式探头对发动机流场进行测量。测量探头包含嵌入在发动机的固定底座、光纤聚焦透镜、光束调节装置等,探头尺寸在2~3cm,因而限制了探头的安装数目和测量的空间分辨能力。

美国弗吉尼亚大学Busa等设计了一种旋转扫描式扇形光生成系统,该系统包含光学探头的"TED-BOX"和基座旋转台,通过TED-BOX底座的旋转实现扇形光的生成。北京航空航天大学徐立军等提出了一种由梯形棱镜和柱面棱镜构成的扇形光测量系统,与传统利用旋转台旋转扫描产生扇形光的系统相比具有体积小、稳定型好的优势,为了保证扇形光束的发散角,且可以完全覆盖被测区域,并将其应用到风洞出口处温度和组分浓度的二维分布测量。日本德岛大学的Deguchi等采用平行光束投影的方式,设计了8路的测量环系统用于测量平面火焰炉温度和组分浓度。王珍珍与Deguchi等合作,利用16路平行光束投影测量了煤粉燃烧器火焰不同时刻温度二维分布。英国曼彻斯特的Wright等设计了一种6个角度,每个角度21条平行光投影的测量装置,并将其应用到航空发动机出口的测量。随后,英国爱丁堡大学McCann小组的Fisher等针对该实验系统开展了数据的快速采集和算法相关研究。中国科学院安徽光机所Xia等通过将测量探头的旋转方式,实现了投影光线间隔为5mm、2个投影角度的二维测量。航天工程大学的宋俊玲等设计了移动旋转光学测量系统,可以用于稳态流场的多角度测量。

对于发动机瞬态流场分布测量,无法采用移动旋转的方式增加投影光线数目,为了提高测量的空间分辨率,势必发展一种嵌入式、高密度的光学测量探头。

本文提出了一种基于自由曲面透镜和柱透镜阵列的高密度测量环设计方法,采用扇形光束投影并采用双层结构设计,实现了在5cm×7cm测量流场区域内,光线间隔为5mm、88路光线投影,实现了对发动机流场的高密度二维分布测量。

1. 综述研究背景,提出研究问题

概述本项工作的研究或观察的理论基础,给出简明的理论或研究背景,为了说明研究工作与过去研究的关系,背景介绍通常需要进行文献回顾来讨论曾经发表的相关研究，以介绍相关领域的研究概况与进展。

指出目前研究工作中存在的问题，说明为什么要做这项工作；阐述研究目的，说明有别于他人的"主意"，引言一般应与结论相呼应，在引言中提出的问题，在结论中应有解答，但是一定要避免引言与结论雷同。

叙述前人工作的欠缺以及强调自己研究的创新时，一定要慎重且留有余地，可以采用类似于"据作者所知，关于某某问题报道较少"等表达方式。

指出在相关领域尚待研究的，也是本文准备涉及的问题时，不要过分批评他人的工作。千万不要直接批评别人，出现"某某教授忽略了某某问题"等诸如此类的表达。

指出存在问题的方法主要有以下几种形式：

（1）以前的学者尚未研究或处理不够完善的重要课题。

（2）过去的研究衍生出有待探讨的新问题。

（3）以前的学者曾经提出两个以上互不相容的理论或观点，而且必须做进一步研究，才能解决这些冲突。

（4）过去的研究很自然可以扩展到新的题目或领域，或以前提出的方法或技术可以改善或扩展到新的应用范围。

在背景介绍和问题提出中，应引用"最相关"的文献以指引读者。优先选择引用的文献包括相关研究中的经典、重要和最具说服力的文献，力戒刻意回避引用最重要的相关文献（甚至是对作者研究具有某种"启示"性意义的文献）；避免不恰当地大量引用作者本人的文献（这种现象比较普遍，希望大家克服）。教科书上的知识绝对不能出现在引言中，如果所探讨的问题属于新兴研究领域，可以简单介绍一下基本概念和原理，否则没有必要。

应该说，引言部分是引用文献最多的部分，无论是审稿专家还是普通读者，对于文章的参考文献都非常重视。文献引用的恰到好处，证明了作者确实掌握本领域的研究现状，相反，别人就会怀疑论文的水平。一般而言，参考文献的引用还要做到一点，就是尽量引用最新的参考文献，最好能够引用到文章刊发当月的参考文献，至少要有临近几个月或者当年的参考文献。

2. 采取适当的方式强调作者在本次研究中最重要的发现或贡献

在引言部分要将论文的要点简洁明了地用一两句话点出来，以便读者在读论文主体前已经有一个大概的印象,这篇论文将围绕什么主题来讨论。用词要注意分寸,比如不要轻易用 for the first time 这种表达。一篇论文值得发表,一定具有新的结果。一定具有和前人工作不同的地方。从这个意义上讲,每一篇论文都可以称为"第一次"。忌用评价式用语,例如"首次提出""首次发现""达到国际先进水平"等。所谓"第一次"通常是指比较重要的研究进展。

3. 解释或定义专门术语或缩写词

帮助编辑、审稿人和读者阅读与理解。有些期刊特别是外文专业期刊,明确要求在引言之前专门有一部分内容,详细列出所用的专门术语和缩写词。国内的大多数期刊要求将专门术语和缩写词在第一次出现时给出全称。

4.3 注意事项

(1) 引言的写作要开门见山,不绕圈子,避免大篇幅地讲述历史渊源和立题研究过程。

比如,一篇航天动力方向的科技论文,背景介绍从古人的飞天梦开始,就有点累赘了,学位论文的绪论都没有必要这么做。

(2) 要言简意赅,突出重点,不应过多叙述同行熟知的及教科书中的常识性内容。

确实有必要提及他人的研究成果和基本原理时,只需以参考文献的形式标出即可。在引言中提示该文的工作和观点时,意思要明确,语言要简练。尊重科学,实事求是,在论述该文的研究意义时,应注意分寸,切忌使用"有很高的学术价值""填补了国内外空白"等不适之词,同时也要注意不用客套话,如"才疏学浅""水平有限""恳求指教""抛砖引玉"之类的语言。

(3) 引言的内容不能与摘要雷同,也不是摘要的注释。

引言不必交代开题过程和成果鉴定程序,也不必引用有关合同公文和鉴定的全部结论。简短的引言,最好不要分段论述,不要插图列表和数学公式的推导证明。

(4) 参考文献的引用要清楚具体。

引用参考文献时,一定要具体说清楚每篇文献的贡献,切忌为了引用而引用。例如,笼统地说出"国内外科研人员在某某领域做了大量研究工作",一下列出了参考文献[5-12],这样的引用方式是没有意义的。

另外,切忌间接引用参考文献,也就是看到别人的论文中提到了某一篇参考文献,自己就照此办理写到了自己的文章中,并没有真正阅读文献的原文。这样做是非常不负责任的,这样做也是没有诚信的,有很多期刊,明确要求作者提供论文参考文献的全文;如果别的作者对原文理解有误,你在间接引用的过程中就跟着犯同样的错误。

（5）引言一定要用自己的话来写,而不是将人家论文中的引言部分照抄一遍,特别是英文科技论文的写作。

虽然对于初学者而言,科技论文写作的最好方法是模仿,但是绝对不能照抄别人的原句。很多科研人员可能认为只是参考了别人的英文表达方法,其实这也属于抄袭行为。

4.4 写作实例

大家看下面的引言初稿,是否存在问题?

20世纪90年代初,用高能激光清除cm级空间碎片的方法,相继在美国、德国、日本、澳大利亚、俄罗斯等国家受到高度重视。地基激光清除空间碎片研究,以NASA和美国空军联合资助的Orion计划[1-3]最为著名。虽然国内外在空间碎片的激光清除领域做了大量的研究工作[4-16],但是总体来看,尚处于概念机理研究阶段,还没有重大研究成果出现。据作者所知,对于cm级空间碎片的激光清除过程,国内外还没有相关报道。

本文讨论了对于较大的cm级空间碎片激光清除的可行性和方法,采用激光照射碎片时,产生的烧蚀反喷冲量,改变空间碎片飞行轨道,使得其逐渐坠入大气层,高速运动的空间碎片在大气层内气动热影响下烧毁。

按照审稿专家提出的修改意见,修改为以下内容[2],是不是有较为明显的进步?

高能激光是一种清除空间cm级空间碎片的有效方法,这一点已经是国际同行的共识[1],也引起了国内外学者们的浓厚兴趣。在NASA和美国空军联合资助下,学者们较为详细地研究了地基空间碎片激光清除的概念、系统组成和工作原理[2-5]。德国学者Schall提出了利用天基激光清除空间碎片的概念[6]。国内相关领域的学者们在激光驱动微小碎片系统[7]、激光测速系统的研制[8]、将激光阴影照相用于超高速空间碎片碰撞[9]等方向开展了研究,文献[10]讨论了激光作用下空间碎片的力学行为。

第4章 科技论文引言的写作

总体来看，激光清除空间碎片的研究工作尚处于概念机理研究阶段，激光是如何将空间碎片清除掉的？对激光功率的要求是什么？还没有有关这些问题的公开报道。

激光清除空间碎片的模式主要有两种：直接烧蚀和烧蚀反喷模式。前一种模式主要针对微小的空间碎片，激光能量直接用于空间碎片烧毁；后一种模式主要针对较大的空间碎片，激光能量仅仅用于空间碎片的变轨，空间碎片烧毁是由于大气层的气动热影响。

本文讨论了激光清除cm级空间碎片的可行性和方法，数值模拟了激光辐照空间碎片产生烧蚀反喷冲量，改变空间碎片飞行轨道，使其逐渐坠入大气层，并在气动热影响下烧毁的过程。

大家再来看下面的引言[3]，是否写得更清晰？

日本学者Yabe教授于2004年在 *Applid Physics A* 上发表的论文中，报道了水工质激光推进的比冲达到了 $350\times10^{-5}\mathrm{N\cdot s/J}$ [1]的实验研究结果。从此之后，国内外掀起了水工质激光推进研究工作的热潮，近几年学者们在水工质激光推进性能参数的实验研究方面做了大量探索性的工作。

然而目前的水工质激光推进研究工作中，存在极为严重的工质浪费现象。日本的水泡靶实验，以牺牲大量的工质来换取冲量耦合系数的提高，其比冲小于1s，能量转化效率小于1%[2]。美国学者的水溶液实验中获得的比冲仅仅为0.4s，能量转化效率为7%[3]。美籍俄罗斯学者在Delrin基底材料上覆盖水膜，获得了比冲为100s（实际上CO_2激光烧蚀Delrin模式，因为水对于CO_2激光几乎是透明的，纯Derin的CO_2激光烧蚀模式的比冲也为100s）、能量转化效率为5%的结果[4]。国内有关水工质比冲和能量转化效率的报道较少[5-6]。

聚焦光学系统和喷管是影响激光推进性能的两个重要系统，研究聚焦位置和喷管构形对推进性能的影响，对于水工质激光推力器设计具有比较重要的意义。文献[1-4]的报道中，没有涉及喷管和聚焦位置的影响问题，只是利用了水的激光击穿效应，测试了冲量耦合系数和比冲。

在本文中笔者将尺寸为 $40\sim80\mu m$ 的雾化水滴用作工质，开展抛物形和锥形喷管的脉冲TEA CO_2 激光推进性能实验研究，期望能够提高激光能量的吸收和转化效率，将推进性能参数提高到一个较高水平。

参考文献

［1］宋俊玲，姜雅晶，饶伟，等．超声速燃烧场高密度光学测量环设计方法研究［J］．红外与激光工程，2021，50（10）：234－243．

［2］金星，洪延姬，李修乾．cm 级空间碎片的激光清除过程分析［J］．强激光与粒子束，2012，24（2）：281－284．

［3］李修乾，洪延姬，文明，等．喷管构形和聚焦位置对雾化水滴推进性能的影响［J］．强激光与粒子束，2011，23（1）：6－10．

第5章 科技论文材料和方法的写作

5.1 材料和方法部分的重要性

可重复性是科研工作的重要特征,知名学术期刊发表撤稿声明的情况时有发生。有些作者已经发表的文章被撤销了,很重要的原因之一就是研究结果的不可重复。

一篇合格的科技论文,读者只要具备研究条件,就能够按照材料和方法部分的描述,完全重复出论文所报道的研究结果。也就是说,材料和方法应该写得与"菜谱"一样详细,读者按照这个"菜谱",只要具备"原材料",就能"炒"出与论文中描述的一样的"菜"。

同样地,论文提交给同行评议时,审稿人常常会十分关注并仔细阅读材料与方法部分。如果审稿人对作者是否采取了正确可行的研究方法或技术,或实验能否被重复高度怀疑,就会建议退稿,而不管研究结果如何激动人心。因此,材料与方法部分的写作十分重要。

Nature Structural & Molecular Biology 代表 *Nature* 集团,于2013年4月底发表了一篇社论,Raising standards:Nature journals' updated editorial policies aim toimprove transparency and reproducibility[1]。(*Nature* 系列研究期刊要通过一些改革提高科研成果的透明度和可重复性。)文章首先是强调增加材料和方法一栏在论文中的比重,要求作者将研究过程、方法手段描述更详细一些。其中的关键是增加了一个 Checklist 促使作者公开更多的技术和统计细节。

为了增加透明度和可重复性,他们的另一重要举措是鼓励作者提供图片背后的数据。作者研究获得一组数据,往往倾向于用散点图、柱状图等图形将研究结果直观地显示出来。但是,数据图形化之后,读者就只能接受结论,而无法对数据进行再分析了。现在要求作者发表图形的同时,提供绘制该图形所用的数据。这一举措的目的是提高透明度和论文的可重复性,同时对读者来说,这无疑增加了很多有价值的"原材料"。读者还可以在这些原材料的基础上从别的角度进一步分析研究，发现原作者没有发现的现象或规律。

论文图形背后的数据，往往是对原始数据进行分析、提炼或总结之后的，便于读者再使用、再分析。现在，如果把图形背后已经提炼总结之后的数据公开，只要读者有想法，就可能对作者的研究结果进行再研究、再分析，发现前人没有发现的现象或规律。

5.2 写作要点

5.2.1 对材料的描述要清楚、准确

对于实验材料的描述，不同的学科有不同的要求。总体上来说要注意说明材料选择的必要性，也就是对为什么选择这种材料最好有一定的说明。通常先对材料做概述，然后详细描述材料的结构、主要成分或重要特性、设备的功能等。

材料描述中应该清楚地指出研究对象（样品、动物、植物、患者）的数量、来源和准备方法。如果研究对象是动物，需要满足相关的法律要求，同时还需要写明研究对象的来源、等级、饲养方式等条件。如果采用具有商标名的仪器，应写明仪器设备的规格、型号和生产商，同时能够说明仪器的量程、精度等信息。如果实验中使用化学试剂，就需要写明其种类、纯度（GR、AR或百分含量等）、来源和处理方法，对于可能会影响实验结果的药品或试剂，若其保存方法特殊也要指明。

此外，还需要对实验环境、计算条件（数值模拟研究）进行说明。比如，实验过程中的温度、pH值、空气/厌氧条件、光照条件；计算初始条件，温度、静压、来流速度、组分等。

5.2.2 对方法的描述要详略得当、重点突出

方法就是描述"研究是如何展开的？"通常按照研究步骤的时间顺序描述方法。如果没有时间顺序，就按照重要性程度描述实验步骤。

内容包括：

- 实验环境或条件（如温度、电压、辐射、特殊的光线等）；
- 研究对象选择的方法；
- 选用特定材料、设备或方法的理由；

・实验程序；

・所应用的统计分析方法等。

为了方便读者能够重复实验或者理论和数值模拟研究工作，材料和方法部分要提供所有必要的研究细节。明确描述实验对象和方法的选择，医学论文中还应说明实验过程是否符合伦理学要求；详细描述实验方法和实验步骤。

对实验设备之间的链接要做到科学正确，不要给人混乱或者操作错误的感觉。设备使用的一些必要步骤不可或缺，尤其是有可能对实验结果造成特定影响的操作更是要详细说明。这样做的好处，是为了在讨论部分中能够进行对应的分析。比如，一些设备在使用之前首先要进行校正，有的要求每个阶段实验之后都要重新校正，以保证结果的正确性。论文一定要详细说明操作步骤或者校正过程，以便审稿人分析文章的结果。

如果需要描述的内容较多，可以按照层次使用子标题，并尽可能创建与结论中内容相"对应"的子标题，这种写法可以保持文章内容的一致呼应。

5.2.3 测量与分析

论文写作要力求准确。如果研究条件中需要温度，必须在论文中明确指出是什么温度，而不要给出类似"室温"之类的表述，这都是不准确的。对于类似"怎样"和"多少"一类的问题，都应给出准确的回答，而不要让审稿人或读者百思不得其解。

对数据做统计分析很有必要，不过应该突出和讨论的是数据而不是统计学知识。如果花费大量篇幅赘述所采用的统计方法，给读者的感觉就是作者最近刚学会这种统计方法，并认为读者也该跟着作者学一些。实际上使用常用的统计方法时没有必要详细叙述该方法；使用复杂的或不常用的统计方法时才需要做详细介绍或指出参考文献；使用了特殊的软件，需要指明数据处理软件的版本，因为使用不同版本的软件数据处理得到的结果可能不完全相同。

5.2.4 使用参考文献

在描述采用的研究方法时，应给出足够多的实验细节，以便具备同样条件的科研人员能够重复论文所述的实验。如果使用的方法是全新的（未发表过的),必须提供所有必要的细节。如果使用的方法在期刊上发表过,还要指出参考文献。如果使用的方法是读者所熟知的,则要指出参考文献。如果读者可能并不熟悉作者所使用的方法,特别是如果作者采用的方法发表在一般读者不容易看到的刊物上,应该在论文中对这种方法略作描述。

如果解决一个问题有几种常用方法,最好明确指出自己所采用的方法同时注明参考文献。比如,在论文中与其说"采用如文献[2]中描述的方法实现瞬态推力测量",不如说:"采用如文献[2]中描述的压电传感器测试法实现瞬态推力测量。"

5.2.5 图和表

如果研究工作中使用了仪器设备或者研究对象的特性参数比较复杂,而且这些参数在论文报道的研究工作中都是有用的,则可以用表格列举出来,这样对作者和读者都有好处。其他类似情况下也可以使用表格。

图像可以用于辅助描述实验方法。例如,流程图常用于描述实验步骤,示意图常用于演示实验器材。这样就可以使读者一目了然,而且也有利于作者更简明地把问题表达清楚。结果和讨论部分也经常使用图和表,第7章中将会详细讨论图和表的设计制作。

5.3 写作实例

以下给出的实例是摘自作者已经发表的一篇论文,尽管还有很多需要修改完善的地方,作者觉得基本反映了材料和方法部分的写作要素,仅供参考。

从实例中可以看出,材料与方法部分的标题,未必就叫"材料与方法",可以根据实际情况,给出适当的标题。

【例1】[2]

1 实验细节

1.1 推力测试实验装置

推力测试实验装置示意图如图1所示,实验中,主光路位于竖直方向,传感器位于喷管和喷注器的正下方,这样就完全避免了工质注入系统[8-9]连接管路对实验测试带来的影响。在实验过程中只是工质注入系统工作,没有脉冲激光辐照时,没有检测到任何推力信号产生。实验中,激光器输出激光脉冲的同时,触发压电传感器开始工作,所用 PCB – 201B03 压电式力传感器的固有频率为 90kHz,测试范围为 0.045 ~ 2224N。表 1 详细给出了实验中所用激光的参数。

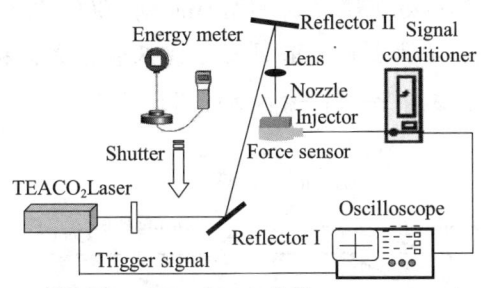

FIG.1 Experimental set-up for force measurements.

图 1　推力测试实验装置

表 1　实验中所用激光的参数
Table 1　Parameters of laser used in the experiments

Wavelength/μm	Pulse duration/μs	Energy/J	Spot size/mm	Repetition rate/Hz
10.6	10	About 25	Φ6	≤ 25

实验中所用的锥形喷管是利用能量相似因子[10]优化设计的,锥形喷管没有自聚焦功能,实验中选用焦距为 200mm 的砷化镓(GaAs)透镜将光束聚焦到喷管内部。图 2 给出了实验中的喷管实物照片,图 2 中工质注入系统的喷注器位于喷管和传感器之间,传感器和喷注器之间用一块厚度为 3mm 的铝板连接,传感器位于铝板下面,照片中看不到。

FIG.2 Conical nozzle photo.

图 2　锥形喷管的实物照片

1.2　纹影测试实验装置

纹影测试实验装置示意图如图 3 所示。实验中所用高速相机(High

Speed Framing Camera,HSFC)为德国研制的 12 位超高速变相管相机。该相机由摄像头和四个 PCI 板组成,PCI 板卡安装在计算机上,与相机之间通过光缆实现串行数据传输。时间分辨率可达 ns 量级,每个 CCD 的分辨率为 1280pixel×1024pixel,曝光时间从 3ns 到 1000s 连续可调,延迟时间最短可达 20ns。相机有内部触发和外部触发两种方式,根据实验需求,选择外部电触发方式,其条件为:输入 5V TTL 上升沿,上升时间<20ns。

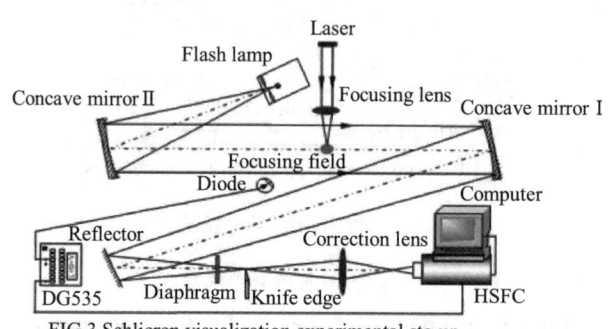

FIG.3 Schlieren visualization experimental ste-up.

图 3　纹影测试实验装置

纹影实验中,不透明的喷管被移除,将喷注器固定在推力测试架的平板之上,高温高压的气体流场与喷注器和平板耦合产生推力。在 0 时刻,零时触发信号由外部手动输入,工质注入系统[8-9]首先被触发,其工作时间设置为 15ms;在 13ms 的时刻,激光器被触发输出激光脉冲;激光辐照工质产生的等离子体流场辐射出光电信号,触发高速相机开始工作;同时压电传感器采集系统被触发,开始采集推力信号。

【例 2】[3]

3　实验装置

实验装置如图 2 所示,实验系统包括激光源、光学系统、燃烧装置和数据采集处理系统。被测量区域为 33cm×33cm,其中包括燃烧炉炉面圆形区域,区域直径为 14cm,炉面中心具有直径为 3cm 开孔,光线距离炉面高度为 1cm。

首先由数据采集卡(NI,PCI-6115)先后产生两路斜坡电压信号,分别输入给两个激光控制器(ILX,LDC-3908;THORLABS,ITC502),两个控制器分别控制两个 DFB 半导体激光器(1344.9nm;1388.1nm,NEL)的扫描电压、温度和中心电流,其中 1344.9nm 激光器的扫描电压

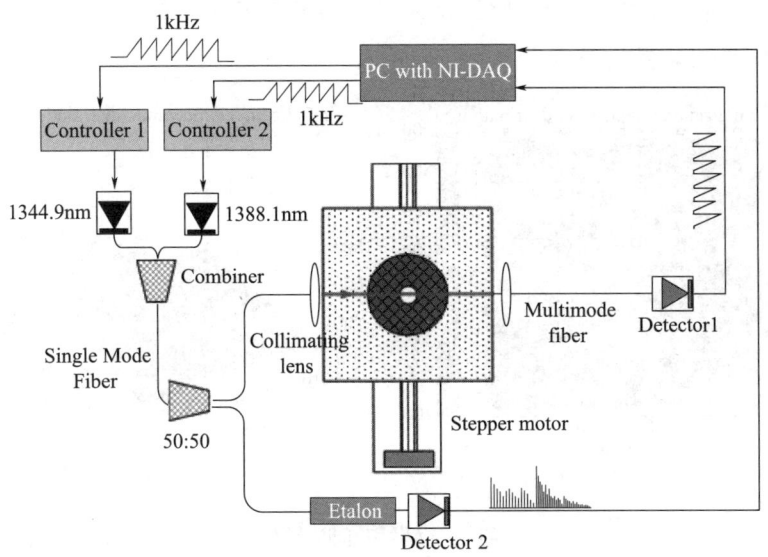

图 2　实验装置图

为 2.9V，1388.1nm 激光器的扫描电压为 3.3V，两个激光器的中心电流均为 70mA。2 个激光器输出激光经过 2×1 光纤耦合器，再经过 1×2 光纤分路器，其中一路经过待测燃烧场后由多模光纤接收并将光信号传输给探测器（InGaAs，ϕ3mm）接收，另一路信号经过自由光谱范围（FSR）为 1.5GHz 的标准具（ThorsLab，SA200-12A）后由探测器接收，探测器信号由数据采集卡记录并存储。每个周期采集数据点数为 10000，扫描频率为 1kHz。燃气炉固定在步进电机上，燃气炉每次移动 0.5cm，记录 100 个周期的采集数据。为减小实验测量中的误差，将 10 个周期的采集数据进行平均处理得到 10 组数据，然后将这 10 组数据分别利用 Voigt 线型拟合计算面积，并再次平均以减少拟合带来的误差，最后得到该位置两条吸收谱线对应的吸收面积。将炉面旋转 90°，利用相同方法采集数据。

【例 3】[4]

3　物理模型及光线分布原则

3.1　数值仿真模型

温度分布在 300~800K 的 Gauss 分布，且 Gauss 分布中心不在重建区域中心。重建区域大小为 500mm×500mm 方形区域。被测区域离散成 20×20 网格。依据实验测量过程中分布空间的限制，假设在被测区域的每条边上等间隔布置 5 个发射/接收装置，如图 2 所示。其中"o"表示安装探测器/接收装置的位置。

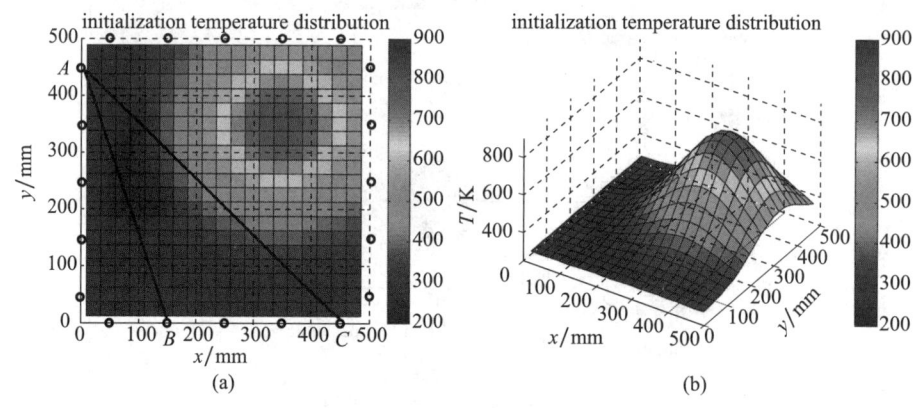

图 2　温度场分布模型

3.2　光线分布原则

在温度场二维重建中，若采用平行光束或者扇形光束投影时，投影角度和每个投影角度内光线数目影响了重建结果。本文采用非规则光线布局，选择图 2 中任意"o"位置作为发射端，其余位置作为光线的接收端。同时限定：①处于同一水平或者垂直方向的两个发射/接收点无光线连接，如图 2 中 B 和 C 两点无光线；②光线无方向性，连接两点的光线不重复计数，如光线 AB（以 A 为发射端，B 为接收端）和光线 BA（以 B 为发射端，A 为接收端）只按一条光线计算。

在迭代算法中，网格 i 被光线 j 穿过一次，对应于该网格 i 在光线 j 的迭代方程式中系数不为 0。每次迭代后，每个网格所代表的物理量值，将通过迭代方程被修改。那么，穿过同一网格的光线数目越多，该网格在迭代方程计算次数越多，该网格所代表的物理量将越接近实际情况。

当被测区域离散网格数和光线的空间分布确定时，每个网格被穿过的光线数目确定，每条光线穿过网格的长度也确定，即可得到积分吸收面积 A。我们定义 $GridWF_j$ 为每个网格被穿过光线数目的权值因子

$$GridWF_j = \sum_{i=1}^{m} \frac{1}{2^{i-1}}$$

其中 m 为穿过网格 j 的光线数目，若无光线穿过网格 j，则 $GridWF_j = 0$。为反映整个重建区域光线穿过网格的信息，定义 GridWF

$$\text{GridWF} = \frac{\sum_{j=1}^{n^2} \text{GridWF}_j}{n \times n} = \frac{\sum_{j=1}^{n^2} \sum_{i=1}^{m} \frac{1}{2^{i-1}}}{n \times n}$$

其中 n^2 为被测区域离散网格的总数。

为评估二维温度场重建质量,定义温度场重建结果均方误差 $\text{Dev}T$

$$\text{Dev}T = \sqrt{\frac{1}{n \times n} \sum_{i=1}^{n} \sum_{j=1}^{n} \left[\frac{T_{i,j}^{\text{cal}} - T_{i,j}^{\text{orig}}}{T_{\max}^{\text{orig}} - T_{\min}^{\text{orig}}} \right]^2}$$

其中 orig 为初始模型参数,cal 表示计算结果。$\text{Dev}T$ 结果越小,说明重建结果与原始模型越接近,重建效果越好。

读者还很容易从以上实例中看出,图和表的标题都给出了中文和英文两种,图和表内的标示全部都是英文,这些都是根据期刊的要求做的。现在大部分期刊为了 SCI、EI、ISTP 三大检索收录方便,也为了方便国外读者阅读,要求投稿作者这么做。

参考文献

[1] 牛登科. Nature 系列期刊促进信息传播交流的新举措 [EB/OL]. (2013-05-07) [2023-09-26] https://wap.sciencenet.cn/blog-61772-687399.html.

[2] 李修乾,洪延姬,文明,等. 水滴烧蚀多脉冲激光推进性能 [J]. 强激光与粒子束,2011,23 (7): 1731-1734.

[3] 宋俊玲,洪延姬,王广宇,等. 基于激光吸收光谱技术的燃烧场气体温度和浓度二维分布重建研究 [J]. 物理学报,2012,61 (24): 124-132.

[4] 宋俊玲,洪延姬,王广宇. 温度场二维重建非规则光线分布优化 [J]. 光学学报,2013,33 (04): 275-283.

第6章 科技论文结果与讨论的写作

结果和讨论两个部分的内容，大部分期刊是允许作者根据论文内容的实际需要，采取合二为一的写法，也就是将两部分内容整合为"结果与讨论"，实践中可以根据实际情况灵活处理。本章简单讨论结果部分和讨论部分的写作，章末一起给出结果与讨论部分的写作实例。

6.1 结果部分的写作内容

有些科研人员觉得这一部分内容应该越详细越好，为了把所有的实验、理论和数值模拟研究工作全部总结出来，恨不得把所有的研究结果全部给出来，这样就很容易将结果部分写成实验报告。

研究结果毫无疑问是一篇科技论文的核心，但是这一部分恰恰需要写得最简洁。

结果部分通常包含两个方面的内容：首先，十分凝练地概括和提炼实验或观察结果，建议按逻辑顺序或者根据结果的重要性进行总结；其次，给出实验数据。

怎样把实验数据展示出来，不是一件容易的事情。简单地把实验室笔记本上的内容搬到论文上是行不通的，这么做就会把重要的内容淹没在冗长的文字当中，也不符合科技论文的写作规则。

最重要的是，在结果部分应该展示有代表性的数据，而不是重复性的数据。如果科研人员重复相同的实验100遍，并且取得的实验数据没有什么大的出入，那么课题组对此还可能颇为欣赏。但是，期刊编辑和期刊读者还是希望只看到有代表性的数据。"把所有数据都写到论文里并不意味着作者掌握了大量信息；相反，这意味着作者缺乏鉴别能力。"[1]

6.2 数据的处理

结果部分如果数据很少，可以逐个给出。如果结果部分的数据很多，尽量用表格或图片来给出这些数据。大部分审稿专家和读者非常希望能够通过读图表,来了解论文报道的内容,这种方法既节省时间,又非常清晰。第7章将简单讨论图表的制作。同时,需要提醒的是,凡是能够用文字说明的问题,就尽量不用图表再复述;一般情况下,也不要同时用表和图重复同一数据。为了帮助读者理解论文内容,可以给出部分原始数据,适当加以分析讨论。

结果部分给出的数据应该都是有意义的。假设在一个特定的实验里,科研人员逐个测试了一些变量,那些能影响最终研究结果的变量就是有意义的数据,并且如果这些变量多,最好用图和表的形式给出这些变量;而那些对最终研究结果没什么影响的变量不用在结果部分给出。

结果部分也可以指出实验结果不尽如人意的地方,或是在一定实验条件下该实验未能产生预期的结果。目前很多论文的作者没有勇气这么做,往往觉得这样做就降低了自己论文的水平。其实,这种担心完全没有必要,作者的客观报道,很可能为其他科研人员提供一些有意义的启示。作者和其他科研人员完全可以在日后进一步深入开展研究,下一个激动人心的研究结果可能就要出现了。

6.3 结果力求简洁清晰

因为研究结果是作者的科研工作所要贡献的新知识,所以结果部分要叙述得简洁清楚。论文的前面几部分(引言、材料与方法)已经告诉读者,作者为什么开展这项科研工作,以及作者是如何开展研究并取得研究结果的;论文的后面部分(讨论)则告诉读者这些实验结果有什么意义。显然,论文全文都是因为结果部分的内容才得以立足。所以,结果部分务必做到表述清楚。

结果部分最常见的错误,就是对已用图或表表征的数据用文字又重复描述一番。更糟的是对图表中的大多数或全部数据再用文字叙述出来。许多作者都会犯这样的错误。

在引用图和表时不要啰唆,不要把图表的序号作为段落的主题句,尽量在句中指出图表所揭示的结论,把图表的序号放入括号中。

尽量避免这种表述:"图1给出了A和B的关系",建议采用这种表达:"A随着B的增加而线性增加(图1)。"

尽量避免这种表述:"从表1中可以明显看出,A对B影响很小",建议采用这种表达:"A对B影响很小(表1)。"

6.4 讨论部分的写作重点

讨论部分是以结果部分为基础和线索进行分析和推理，表达作者在结果部分所不能表达的推理性内容。讨论的内容应当从实验和观察结果出发，实事求是，切不可主观推测，超越数据所能达到的范围。讨论部分的写作水平，很大程度上取决于作者掌握文献的多少，作者的分析能力如何。切忌将讨论部分写成对他人文献的综述。

应着重讨论研究中新的、重要的结论，指出所用方法的不足之处，将本研究与以前发表的类似研究相比较。应该包括该发现的意义及其限度，以及对进一步研究的启示。

讨论部分主要包括以下内容：

（1）回顾研究的主要目的或假设，并探讨所得到的结果是否符合原来的期望？如果没有，为什么？

（2）概述最重要的结果，并指出其是否与先前的假设或其他学者的结果一致；如果不一致，为什么？

（3）对结果提出说明、解释或猜测；根据这些结果，能得出何种结论或推论？

（4）指出研究的局限性以及这些局限对研究结果的影响；并建议进一步的研究题目或方向。

（5）指出结果的理论意义（支持或反驳相关领域中现有的理论、对现有理论的修正）和实际应用。

6.5 常见问题

6.5.1 推论不符合逻辑

罗伯特博士的美国经典教材 *How to Write and Publish a Scientific Paper* 认为，讨论部分的主要目的就是揭示作者观察到的事实间的联系。书中所举的两个例子[1]很好，引述过来与大家共享，相信大家看后会印象很深并有所领悟。

一位生物学家在训练跳蚤好几个月后发现跳蚤能对他的命令做出反应。最令他高兴的是，他每次喊"跳"的时候，跳蚤都会跳起来。这位教授打算将此惊人发现写成论文投稿到科学期刊以飨后人。他就像真正的科学家一样，打算将实验做得更深入一些。于是他试图确定跳蚤身上接收声音的器官。在一项实验中，他一次扯掉跳蚤的一条腿。跳蚤还是在他每次喊"跳"命令时跳起来，但每被扯掉一条腿，跳蚤都跳得要低一些。最后当所有的腿都被扯掉后，跳蚤一动不动了。一次又一次地，这位教授对着跳蚤喊"跳"，跳蚤都没反应。

教授认为他终于可以把自己的伟大发现发表出来了。他着手撰写论文，不厌其烦地描述了他在前几个月所做实验的细节。他的结论震惊学术界："When the legs of a flea are removed, the flea can no longer hear"（去掉跳蚤的所有腿后，跳蚤就没法听到声音）。

加拿大科技编辑界的泰斗 Claude Bishop 也讲过类似的故事。一位科学课老师设计了一个实验，用以向班上的学生说明酒精的危害性。她放好两个杯子，一个装水，一个装酒。她再往每个杯子里放条小虫。水里的小虫游得可欢快了，而酒里的小虫很快就死了。老师问学生，"这个实验说明了什么？"班上后排的小 Johnny 回答："这说明只要喝了酒肚子里就不会长虫子。"

6.5.2 讨论不系统

有些作者对研究所反映的问题讨论得不够系统、完整，导致论文分割。所谓论文分割，主要指以下两种情况：

（1）作者在讨论时不引用或没有系统引用相关文献。发生这种情况的主要原因是：作者没有意识到查找和引用相关文献的必要性；作者因条件所限，无法查到和查全相关文献；少数作者故意不引用相关文献，以凸显自己研究的"新颖"和"价值"。

（2）作者虽然引用了相关文献，但是没有结合自身的研究讨论；也就是说，作者虽然查到并引用了相关文献，但没有把以前的结果和自己的结果融合在一起讨论。

这两种论文分割的结果都一样，就是使读者看完论文后，仍对该研究缺乏系统、完整、深入的了解和理解。论文作者应该力求避免出现这种情况。在与重要文献中实验结论不同时，不要回避重要文献，可以分析差异产生的原因，推动读者对相关理论的探讨。

6.5.3 空话和重复

许多论文的讨论部分都拖沓冗长。有些作者不是很确信自己论文中的事实或论证,所以干脆就用一大堆不知所云的结论来"保护"自己。废话连篇,读者看后不知所云。

有些作者在讨论部分,仍喜欢强调引言部分已经明确的研究目的,并引用结果部分已经列出的具体数据,使讨论和引言、结果部分内容重复。这种做法既浪费篇幅,又容易使读者产生繁复之感。实际上,讨论是根据研究的目的和结果所做的总结性、提示性陈述,主要是对研究所反映的问题进行分析和评价。文中已经有的,就不必再做简单重复。

为了避免与结果部分重复,将结果与讨论部分合二为一不失为一种好办法,很多期刊允许这么做。

6.5.4 回避研究的局限性

任何研究,哪怕是很成功的研究,也不可能十全十美,总会有这样或那样的问题。有些作者常常用很多文字强调研究的重要性和价值,但在局限性方面却很少提及,或者干脆只字不提。

有些期刊的投稿须知,明确要求作者指出研究的局限性,事实上这很重要。一个诚实的或者一个成熟的作者,应该对研究结果有客观的评价,既强调研究的成功或可取之处,还要指出研究的不足。指出研究的不足(只要不是诸如科研设计方面的问题),并非否定研究本身;而是为了让读者更客观地看待研究的结果和结论,使读者注意到研究还没有解决或者以后需要解决的问题。在可能产生不同解释的地方在讨论表述上不要绝对化,可以使用 could be、may be、might be 等词语表达探讨性的语气。

6.6 结论

讨论的最后就要给出论文的最重要部分——结论。大部分期刊提倡作者将结论与讨论部分并列,将"结论"单独列为一节;也可以只进行讨论,没有"结论"部分。

结论又称结束语、结语,是在理论分析和研究的基础上,通过严密的逻辑推理而得出的富有创造性、指导性、经验性的结果描述。结论以自身的条理性、明确性、客观性反映了论文或研究成果的价值。结论与引言相呼应，同摘要一样，其作用是便于读者和为二次文献作者提供依据。

结论部分的内容要点有：

（1）作者本人研究的主要认识或论点，包括最重要的结果、结果的重要内涵、对结果的认识等。

（2）总结性地阐述该研究结果可能的应用前景、研究的局限性及需要进一步深入的研究方向。

（3）结论中不应涉及新的事实，也不能简单地重复摘要、引言、结果或讨论等章节中的句子。

撰写的结论应做到：概括准确，措辞严谨；明确具体，简短精练；不做自我评价。

6.7　结果、讨论和结论的侧重点

结果：介绍研究结果（必要时应使用图表）；对重要研究结果的描述和说明。

讨论：探讨所得到的结果与研究目的或假设之间的关系、与他人研究结果的比较与分析；对研究结果的解释（是否符合原来的期望等）；重要研究结果的意义（推论）；研究展望。

结论：主要认识或论点；概述研究成果可能的应用前景及局限性；建议需要进一步研究的课题或方向。

6.8　写作实例

【例 1】

这是 2022 年发表 Physics of Fluids 上的文章 Morphology of bubble dynamics and sound in heated oil（热油中气泡动力学和声音的形态）[2]，主要分析作者主体部分的写法。

作者在研究背景提到"油炸食品是跨越文化和时代的美食，快餐里的炸薯条、日料里的天妇罗、路边早摊上的油条……"食物在油锅里发出的声音不仅能勾起食客的馋虫，也引发了物理学家的兴趣。

为了探究炸东西的声音是怎么形成的，作者用用摄像机和麦克风记录下了无数个"油炸瞬间"：他用流体力学方法分析了水滴进入热油时产生的气泡和声音，还解释了飞溅热油的形成过程。

首先是材料与方法的写作。在这部分作者重点介绍了如何将现实问题简化成数学模型,并搭建科学的实验装置去验证数学模型的过程。

为了降低难度,研究者打算先模仿"二维的食物"做一个预研究炸一张蘸了水的纸。预研究帮助研究者把气泡分成了三类:油面会爆炸飞溅的"爆炸腔"(Explosion cavity),向下喷射形成的"拉长腔"(Elongated cavity),对液面周期性扰动、也会导致小型飞溅的"振荡腔"(Oscillating cavity)。

随后作者的理论模型进一步简化为零维:在实验室里,用炸食物的油温来炸一滴水。研究者精心设计了实验装置,参考燃烧实验所用的"悬滴法",把一滴体积不到 4μL 的蒸馏水沉到悬线底部,然后使用手动平台将其浸入油中,以此来控制液滴的浸入深度。

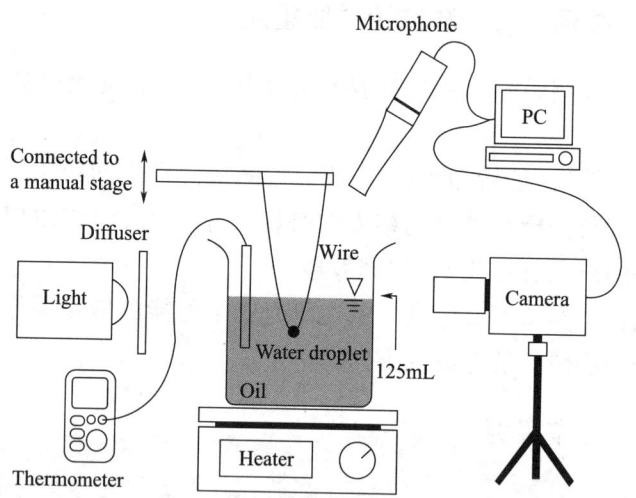

FIG.3.A schematic of the experimental set-up.Position of a water droplet is adjusted by a manual stage.Bubble dynamics are recorded by a high-speed camera with a synchronized microphone for the audio signals.The oil temperature before and after the droplet reaction is measured by a thermocouple.

和预实验相同,"炸水滴"产生的气泡也都被分成了三类。室温水滴进入热油后受热汽化,形成油内气泡空腔。如果这个气泡初始位置离液面很近,足以撞破液面,就会使油花飞溅,属于爆炸腔;如果气泡初始位置稍微远一些,撞不破液面,相互作用形成液面上和气泡内的上下两股射流,属于拉长腔;如果气泡离得更远,在振荡过程中始终保持球形,腔体的快速膨胀产生密度波扰动油面,则属于振荡腔。

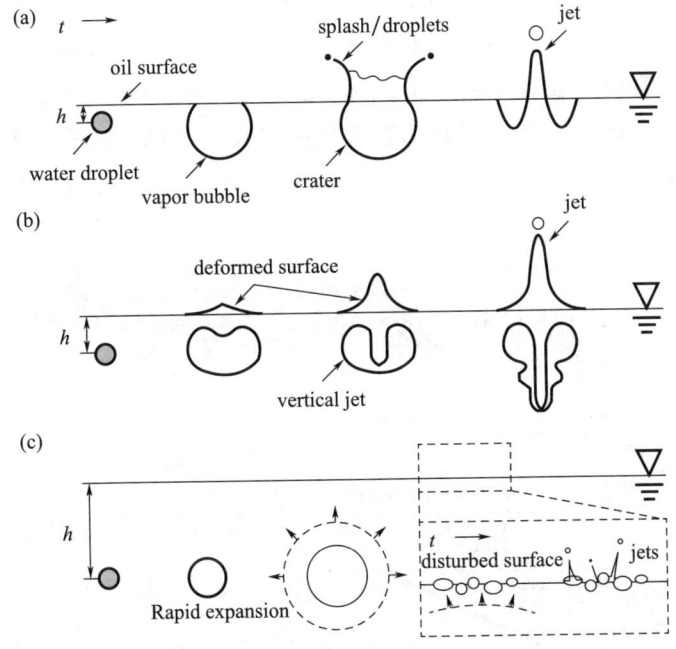

其次是结果与讨论的撰写部分。针对材料和方法中出现的三类模型，作者使用高速摄像机拍下汽化膨胀过程并分别分析了它们在时间和频率上的声音特征。这部分内容作者通过实验照片和线条图的形式展现了对实验结果进行了展示。这部分值得学习的地方是作者观察到现象获得已有文献的佐证，同时作者如实陈述了自己研究的局限性。

对于爆炸腔，气泡快速膨胀撞破液面，热油形成了飞溅液滴（气溶胶）。我们可以观察到油面上展开一簇水花，而油面下的气泡保持半球形，直到底部开始向上移动。气泡的深度和时间存在幂律关系，当深度达到最大值时，气泡开始变平，油面上方的喷射也会形成一个穹顶。爆炸腔气泡声音信号的变化趋势和形态变化同步。在气泡形成阶段，声音信号很弱；当气泡撞破液面形成飞溅时，声音迅速达到峰值，这说明爆炸是声音的主要来源；之后声音随时间衰减，在 5ms 后几乎为零，峰值频率约为 1.4kHz。

对于拉长腔，由于气泡无法撞破液面，气泡向液面靠近时，相互作用令油面向上形成油柱，气泡顶部向下形成一个内凹型空腔。这类气泡的声音峰值信号在 1ms 时被捕捉到，峰值频率也在 1.4kHz 左右，和爆炸腔的峰值频率是相同的。不过，拉长腔声音的主要来源是 1ms 内气泡的快速膨胀，而并不是气泡在之后的拉长。在 5ms 之后，声音信号仍有较小的波动，可能是因为气泡的持续存在。研究者们在水滴进入热油13ms后，观察到了"子液滴"的出现。同样的现象在其他科学家用液滴撞击油面的实验中也能观察到。在这个例子里，拉长腔留下了一颗子液滴，这颗子液滴随后下沉，然后在一个更深的位置蒸发并形成振荡腔。这或许能够解释一种实际场景：炸东西时，油锅里产生了不同类型气泡，导致了热油飞溅。

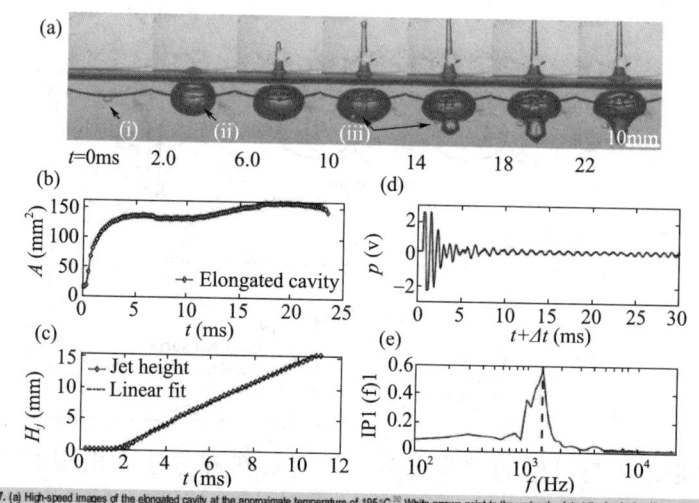

FIG. 7. (a) High-speed images of the elongated cavity at the approximate temperature of 195 °C.[20] White arrows point to the water droplet at the beginning (i), a wave front propagating on the expanding bubble (ii), and daughter jet and droplet formed on the cavity (iii). (b) The projected area of the cavity, A, as a function of time. (c) The height of the jet H_j as a function of time. The adopted linear fitting shows the approximate jet speed (~1.7 m/s). (d) The acoustic signal as a function of time. (e) The power spectrum for the acoustic signals, where the fundamental frequency (≈1.4 kHz) is marked by a dashed line. Multimedia view: https://doi.org/10.1063/5.0088065.2

振荡腔气泡在水滴达到液面下11mm的深度时产生。在前3ms，水滴汽化形成气泡并快速膨胀，之后10ms气泡体积一直周期性地振荡，使得液面上原本存在的一些小气泡形成射流。这些液面上的小气泡可能被悬线浸入时带入，也可能是上一次实验的残留。在13ms时，气泡达到最大体积并分解成许多小气泡，整体振荡减弱。振荡腔气泡的声音信号也可以被分成这三个阶段，其中周期振荡的第二阶段是声音的主要来源。声音峰值频率在0.8kHz左右，和该气泡的振荡频率相一致。二次谐波频率1.6kHz则形成了一个次级峰。研究者认为，当油面上存在一些小气泡时，即使没有发生振荡腔气泡的破裂，也可能导致热油飞溅。气泡和油面的相互作用是一个非常复杂的现象，由于摄像机帧频（2000fps）有限，这部分的分析并不深入。

最后是讨论部分的撰写。这部分作者着重分析材料和方法中实验现象产生的原因。作者通过实验记录液滴的位置和气泡的最大半径，观测气泡的行为和加热油的排出方式；利用高速图像和相关声音信号，讨论每种空腔以何种形式将加热油喷射到空气中，每种空腔所展现的声学特征（振幅、基频和持续时间）可以作为空腔分辨的依据。

拉长腔往往伴随着更大的子液滴，表明只有一小部分水滴有助于形成气泡。拉长腔的最大半径 R 趋于小于振荡腔，振荡腔的 R 值变化相对较小，可能是它经历了多步爆炸导致气泡形成。

子液滴的产生可能会导致更复杂的流动行为。图 9（a）显示了伸长空腔后的振荡空腔，在这种情况下，第一个空腔伸长相当小，并在空腔下形成子液滴。液滴在 8mm 处爆炸，导致表面下的气泡振荡，而气泡仍在油面附近持续存在。油面相对较大的曲率有助于形成厚喷流，同步音频数据（图 9（b））捕获了两个空腔的声学特征。拉长腔的基频约为 1.5kHz（图 9（c）），这可能与气泡的初始动态有关，而振荡腔的基频约为 1.1kHz 则受气泡振荡的影响（图 9（d））。振荡腔的二次谐波频率为 2kHz。这个例子证明了烹饪锅内可能存在多个空腔及非线性响应，在烹饪锅内加热的油可能会被排出。除了声学信号的大小外，其持续时间和衰减速度（图 9（b））一个重要指标。

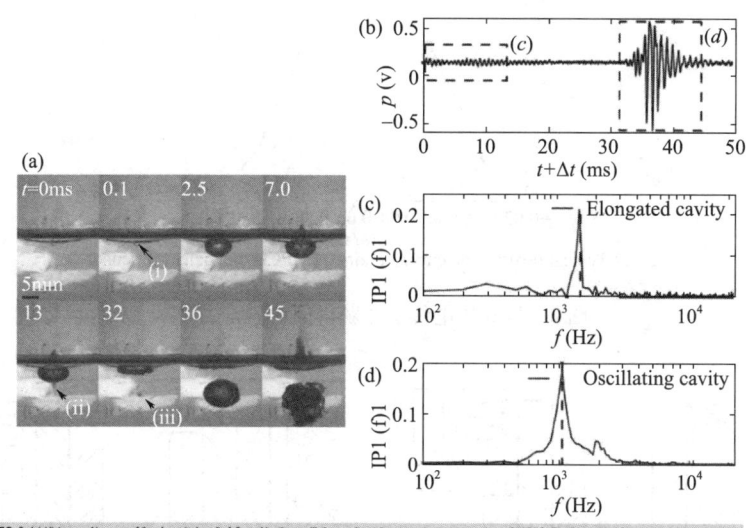

FIG. 9. (a) High-speed images of the elongated cavity followed by the oscillating cavity at the approximate temperature of 197 ℃. The first bubble forms on the droplet surface (i), leading to a weakly elongated cavity. A daughter droplet forms on the cavity wall (ii). The secondary bubble then forms (iii), subsequently oscillating violently. (b) The acoustic signals as a function of time. Squares correspond to the signals used for spectrum analysis in (c) and (d). (c) The spectrum for the elongated cavity regime where the fundamental frequency was approximately 1.5 kHz. (d) The spectrum for the oscillating cavity regime where the fundamental frequency was approximately 1.1 kHz. Multimedia view: https://doi.org/10.1063/5.0068065.4

【例2】

这是作者已经发表的一篇文章"喷管构形和聚焦位置对雾化水滴推进性能的影响"[3]的结果与讨论部分，仅供参考。

《强激光与粒子束》是中文期刊，办刊质量逐年提高。近年来，一直是 EI Compendex 收录期刊，期刊所刊发的论文 100% 被 EI 收录，连续多年入选"中国国际影响力优秀学术期刊"。

2 实验结果与讨论

2.1 聚焦位置对推进性能的影响

实验选用最安全的医用蒸馏水进行了实验。每组实验都进行了 3～5 次，实验数据重复性良好。实验过程中重点研究了激光聚焦位置和喷管构形对推进性能的影响。

图 2 给出了用 PCB 传感器获得的一组典型推力曲线，对推力曲线积分获得冲量，根据冲量 I 的计算结果和能量 E（用能量计测得）以及工质供应量 m 的测量值，可以获得如图 3 和图 4 所示冲量耦合系数 C_m 和比冲 I_{sp} 的实验结果。实验中聚焦位置分别位于喷注器喷口上方的 5mm 和 30mm 处，图中的 None 代表没有喷管的情况。

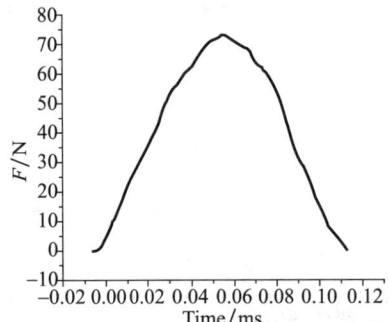

Fig.2 Typical thrust-time curve obtained by PCB piezoelectric sensor

图 2 PCB 压电传感器获得的典型推力曲线

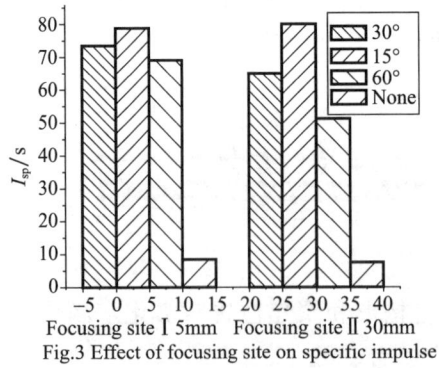

Fig.3 Effect of focusing site on specific impulse

图 3 聚焦位置对比冲的影响

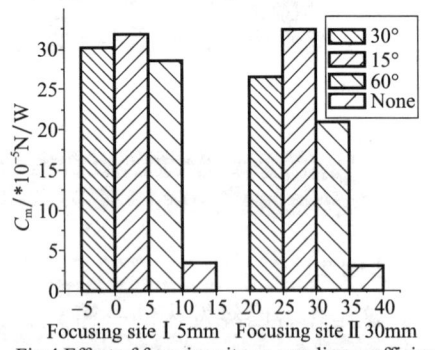

Fig.4 Effect of focusing site on coupling coefficient

图 4 聚焦位置对冲量耦合系数的影响

从图中可以看出，除了15°锥形喷管之外，聚焦位置距离喷管顶部（与喷注器喷口紧密相连）越近，比冲和冲量耦合系数越高。15°锥形喷管母线较长（76mm），对流场的约束作用明显，聚焦位置对其推进性能的影响不明显。

2.2 喷管构形对推进性能的影响

图5对比给出了抛物形喷管（等效锥顶角为105°左右）和锥形喷管的比冲和冲量耦合系数。从图中可以看出，抛物形喷管的推进性能明显高于其他三个喷管，而其他三个锥形喷管的锥顶角对推进性能的影响规律并不明显。原因在于抛物形喷管的等效锥角与喷注器中两股液体射流的撞击角（110°左右）[8]接近，几乎不影响雾化水滴分布状态；其余三个锥形喷管的锥角都很小，通过110°撞击角撞击形成的雾化水滴几乎全部都撞到了喷管壁面上，形成了自然态的水滴和水流，对激光能量沉积和冲量耦合过程的贡献很小，从而导致了比冲和冲量系数较小。

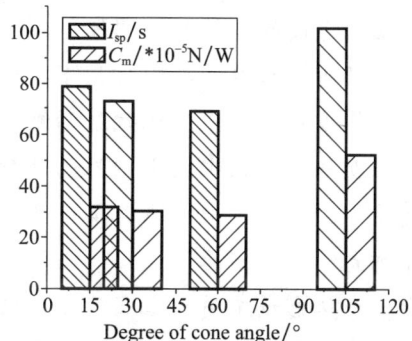

Fig.5 Effects of nozzle configuration on propulsive characteristics

图5 喷管构形对推进性能的影响

从图3～图5中可以看出，三种锥形喷管所获得的比冲和冲量耦合系数的最大值分别为78.7s和31.9×10^{-5}N/W，抛物形喷管的比冲和冲量耦合系数达到了102s和52×10^{-5}N/W。锥形喷管和抛物形喷管的能量转化效率η（$\eta = gC_m I_{sp}/2$，g为当地重力加速度）分别达到了12.6%和26.1%。

2.3 与国外研究结果的对比

图6就水工质激光推进能量转化效率和比冲的实验研究结果进行了对比分析，令作者欣慰的是，本文的研究结果获得了很大提高，能量转化效率已经达到了26.1%。

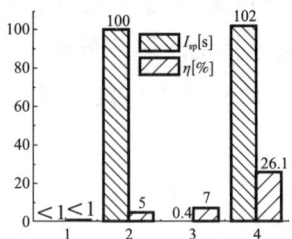

(1-Water cannon[1]; 2-Delrin+Water[4]; 3-Bulk Water[3]; 4-Water Droplets)
FIG.6 Comparison of different research results
of water propellants for laser propulsion

图6 水工质激光推进研究结果对比分析

水对 CO_2 激光的吸收系数为 $850cm^{-1}$，吸收深度为 $\alpha = 10\mu m$ 左右。学者们的实验研究与理论分析结果表明[9]：水滴的半径为 $10\mu m$ 量级时，体吸收为主要能量吸收机制；随着水滴半径的增加，面吸收机制变得越来越重要。

面吸收过程中激光辐照表面的加热效应明显，在这种加热效应和激光击穿辐照表面的部分液体产生的激波的共同作用下，会出现比较明显的微小液体颗粒的溅射现象；体吸收过程中液体颗粒的溅射现象不明显。水滴尺寸越小，激光与水滴相互作用过程中微小颗粒的溅射现象越不明显，可以将工质的浪费降低到最小；这样一来，消耗单位质量的工质产生的冲量也就越大，也就是比冲越大。

美国学者的实验中，虽然盛放工质的容器体积非常小，但是由于没有工质注入系统，不能控制工质的供应量，单次实验中水工质的质量消耗量为 50~60mg；还存在比较明显的工质浪费现象。如果能够设计出流量较小的工质注入系统，在实验中有效地控制工质的供应量；同时，利用雾化水滴对激光的有效吸收作用；这样就可以达到提高单位质量工质的激光能量沉积效率的目的，从而有利于激光推进性能参数的提高。

实验中所用工质注入系统的提供的雾化水滴的直径为 $40~80\mu m$，水的单次供应量为 10~30mg。通过以上理论分析可以看出，我们的实验条件保证了雾化水滴的较高推进性能参数。

3 实验结果误差分析

下面分析实验结果的测量误差，由误差理论和冲量耦合系数以及比冲的定义式，可以得出以下关于冲量耦合系数和比冲的绝对误差和相对误差的表达式。

$$C_m = \frac{I}{E} \tag{1}$$

$$|dC_m| = \frac{1}{E}|dI| + \left|-\frac{I}{E^2}\right| \cdot |dE| \tag{2}$$

$$I_{sp} = \frac{I}{mg} \tag{3}$$

$$|dI_{sp}| = \frac{1}{mg}|dI| + \left|-\frac{I}{E^2 g}\right| \cdot |dm| \tag{4}$$

$$\left|\frac{dC_m}{C_m}\right| = \left|\frac{dI}{I}\right| + \left|\frac{dE}{E}\right| \tag{5}$$

$$\left|\frac{dI_{sp}}{I_{sp}}\right| = \left|\frac{dI}{I}\right| + \left|\frac{dm}{m}\right| \tag{6}$$

实验中各个直接测量量的误差以及由上面的表达式得出的实验结果的误差范围如表1所示。从表中可以看出，比冲和冲量耦合系数实验结果的相对误差和绝对误差都比较小。

表1 实验结果误差的对比分析

Table 1 Errors of experimental results

	m/mg	dm/μg	I/N·s	dI/N·s	E/J	dE/J	dI_{sp}/s	$d(I_{sp})/I_{sp}$%	dC_mN/W	$d(C_m)/C_m$%
Errors	9.85	<1	0.007745	0.0001	24	<0.5	1	1.3	1.1	3.4

图7~图10分别给出了各个可直接测量物理量的测量误差对比冲和冲量耦合系数实验结果误差的影响。从图7~图8中可以看出，冲量的测试误差对实验结果影响较小。只要冲量测量值的误差不超过0.0006N·s，比冲和冲量耦合系数的误差都比较小。

从图9~图10中可以看出，能量和工质供应量的测量结果对实验结果的影响较大。如果能量的测量误差达到5J左右，工质供应量的测量误差达到1mg左右，冲量耦合系数和比冲的实验结果的误差将变得比较大。

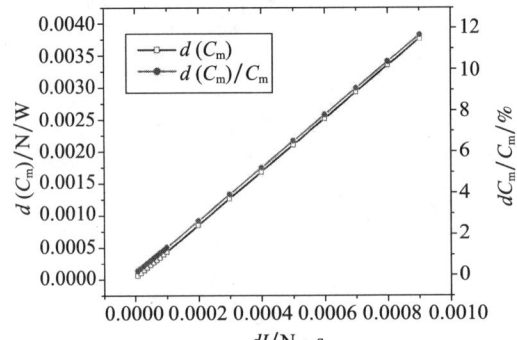

Fig.7 Errors of momentum coupling coefficient VS impulse measurement results

图 7　冲量测试值对冲量耦合系数误差的影响

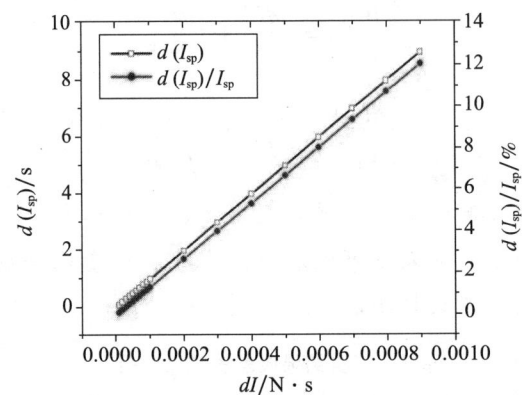

Fig.8 Errors of specific impulse VS impulse measurement results

图 8　冲量测试值对比冲误差的影响

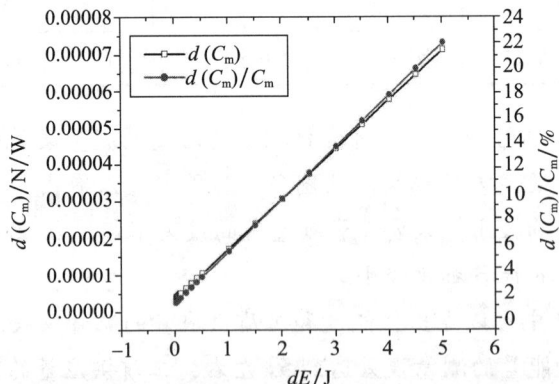

Fig.9 Errors of momentum coupling coefficient VS energy measurements

图 9　能量测试值对冲量耦合系数误差的影响

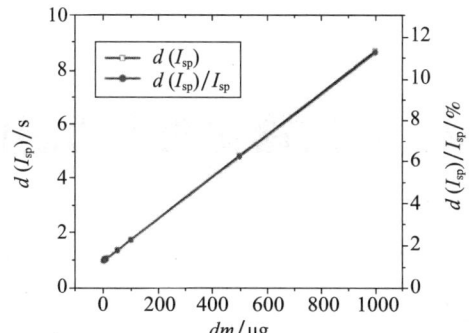

Fig.10 Errors of specific impulse VS measurements of supplied propellant mass each time

图 10　工质的单次供应量测试值对比冲误差的影响

4　结论

对于较短的喷管而言，聚焦位置距离喷管顶部越近，推进性能越高。由于实验中所用锥形喷管的顶角较小，严重影响了雾化水滴分布情况，导致了非常明显的水滴复合过程，使得锥形喷管的推进性能不如抛物形喷管。通过本文的研究工作，可以得到以下三点结论：

（1）将雾化水滴用作工质，有利于水工质激光推进性能参数的提高，根据国内外的公开报道，26.1%的能量转化效率是迄今为止水工质激光推进的最高值。

（2）需要设计加工锥顶角较大的锥形喷管以及其他构形的喷管，深入细致地开展喷管构形对雾化水滴推进性能的影响。

（3）深入系统的开展不同波长、不同能量密度、不同聚焦位置等参数对推进性能的影响。

参考文献

［1］Barbara Gastel, Robert A Day. 科技论文写作与发表教程［M］. 任治刚，译. 8 版. 北京：电子工业出版社，2018：89－90.

［2］Kiyama A, Rabbi R, Pan Z, et al. Morphology of bubble dynamics and sound in heated oil［J］. Physics of Fluids, 2022, 34（6）：062107.

［3］喷管构形和聚焦位置对雾化水滴推进性能的影响［J］. 强激光与粒子束，2011，23（1）：6－10.

第7章 科技论文图表的制作

7.1 如何设计表格

处于知识大爆炸的这个时代,无论是审稿专家还是普通读者,都很难有时间从头到尾仔细阅读你的论文。在与很多审稿专家交流时,很多人有这样的体会:一般会看一下题目、摘要、引言,再看一下图表,很难做到十分仔细地通读全文。也就是说,科技论文中的图和表是很重要的。建议写作中要学会用图表说话,读者在很短的时间内看完图表,就明白论文的结论了。接下来将讨论图表的绘制问题。

关于表格的作用,引用一种观点:"如果用表格能更好地展示实验数据,那么就犹如为科技论文注入了灵魂。"研究结果经过整理和计算各种必要的统计指标后,所得的结果除了使用适当的文字表达外,常常还需用表格(table)辅助分析。表格主要以列的形式展示分析结果,具有避免冗繁文字叙述,便于阅读、分析比较等优点。

表格一般由表号、表题、表身和表注构成,表头和表身构成了表格的主体[1]。这里的表号指表的编号,以前常称为表序;表头为对表格各行和各列单元格内容进行概括和提示的栏目,其中横向排列的栏目叫横表头,纵向排列的栏目叫纵表头;表身为表头之外的单元格的总体,以前也称为表体;表注则是对表格或表格中某些内容加以注释或说明的文字,在很多情况下表注是必不可少的,但却未被列为表格的组成部分,显然是不恰当的。图7-1给出了表格的主要组成部分。

7.1.1 表题(caption)

表题是为了尽可能多地传达表格中的信息:
(1)表格反映的结果,包括扼要的统计描述。
(2)应该注明实验的研究对象。
(3)得出该结果的条件背景,如采用的处理方法或显示的相互关

图 7-1 表格的主要组成部分[2]

系等。

(4) 实验地点（仅室外实验时需要）。

(5) 可以注明培养或处理的参数或条件（温度、媒介等）。

(6) 实验的样本量和统计检验结果。

(7) 不要在两坐标轴标签之间用"versus"对其简单重述。

表题一般位于表的上方并居中。表号位于表题前，按照在文章中出现的顺序用阿拉伯数字依次排列，如 Table 1、表 1、表 1-1、表 1.1 等形式。

7.1.2 表头（heading）

表格中含有横表头和纵表头，有时还可有总表头。

(1) 横表头：列在表的左侧，向右说明各横行统计指标的含义。

(2) 纵表头：位于表的上端，向下说明各横表头统计指标的内容。

(3) 总表头：对横标目或纵标目内容的概括，在需要时才设置。

表头内容一般按照从小到大、从先到后等顺序排列，便于说明规律性。表头应该层次清楚，文字简明，分组符合逻辑，避免标目之间混淆或交叉；需要时注明计算单位（units）。

7.1.3 线条（lines）

表头和表身之间的线称为表头线，表身中的线称为栏线，将表头和表身一起围住的线统称为表框线，包括顶线、底线和墙线。外框有表框线，

总表头　纵表头　横表头

TABLE 1. Reported laboratory-confirmed COVID-19 cases and estimated cumulative incidence,* by sex† and age group — United States, January 22–May 30, 2020

Age group (yrs)	Males		Females		Total	
	No. (%)	Cumulative incidence*	No. (%)	Cumulative incidence*	No. (%)	Cumulative incidence*
0–9	10,743 (1.7)	52.5	9,715 (1.4)	49.7	20,458 (1.5)	51.1
10–19	24,302 (3.8)	113.4	24,943 (3.7)	121.4	49,245 (3.7)	117.3
20–29	85,913 (13.3)	370.0	96,556 (14.3)	434.6	182,469 (13.8)	401.6
30–39	108,319 (16.8)	492.8	106,530 (15.8)	490.5	214,849 (16.3)	491.6
40–49	109,745 (17.0)	547.0	109,394 (16.2)	536.2	219,139 (16.6)	541.6
50–59	119,152 (18.4)	568.8	116,622 (17.3)	533.0	235,774 (17.9)	550.5
60–69	93,596 (14.5)	526.9	85,411 (12.7)	434.6	179,007 (13.6)	478.4
70–79	53,194 (8.2)	513.7	52,058 (7.7)	422.7	105,252 (8.0)	464.2
≥80	41,394 (6.4)	842.0	72,901 (10.8)	940.0	114,295 (8.7)	902.0
All ages	646,358 (100.0)	401.1	674,130 (100.0)	406.0	1,320,488 (100.0)	403.6

Abbreviation: COVID-19 = coronavirus disease 2019.
* Per 100,000 population.
† The analytic dataset excludes cases reported through case surveillance that were missing information on sex (n = 19,918) or age (n = 2,379).

图 7－2　表头示例[3]

各项之间有行线、栏线的表格成为“全线表”；省略了墙线或部分行线、栏线的表格称为省线表；把只保留顶线、横表头线和底线的省线表称为三线表；把既无表框线也无行线和栏线的表格称为无线表。国际通用“三线表”，三线表中顶线、底线用粗实线，表头线用细实线。

在三线表的使用实践中，只要有需要，还可以添加辅助行线或者栏线，如图 7－3（a）中缺少必要的辅助线，导致表不完整，栏目左上角存在空缺，表身第一行数据“3d，14d，28d”意义不明确，应改为图 7－3（b）所示表的形式。

表 7　××样品对××不同时间的元素归一化浸出率

	元素归一化浸出率/($g\cdot cm^{-2}\cdot d^{-1}$)			
样品	3 d	7 d	14 d	28 d
A	7.23×10^{-8}	5.29×10^{-9}	4.13×10^{-9}	2.83×10^{-9}
B	5.67×10^{-8}	8.64×10^{-9}	2.22×10^{-9}	1.57×10^{-9}
C	9.81×10^{-7}	5.63×10^{-8}	4.12×10^{-9}	3.89×10^{-9}

(a)

表 8　××样品对××不同时间的元素归一化浸出率

样品	元素归一化浸出率/($g\cdot cm^{-2}\cdot d^{-1}$)			
	3 d	7 d	14 d	28 d
A	7.23×10^{-8}	5.29×10^{-9}	4.13×10^{-9}	2.83×10^{-9}
B	5.67×10^{-8}	8.64×10^{-9}	2.22×10^{-9}	1.57×10^{-9}
C	9.81×10^{-7}	5.63×10^{-8}	4.12×10^{-9}	3.89×10^{-9}

(b)

图 7－3　三线表辅助行线的使用示例[4]

7.1.4　数字（data）

表格内数字需要用阿拉伯数字表示，小数的位数应该一致，且应按小数点的位次对齐，以便阅读。表内一般不留空格，实测结果为零时用“0”表示，检测了未被发现测到数据时用“—”表示，缺失材料或者在医学期刊表格的“未发现”单元格可用“…”填入。

7.1.5　表注（footnotes）

表注位于表格下方，主要包含阅读和理解表格所必需的信息，但并非表格的必需组成部分。通常可在表内以"＊"等标记所要注解的部分。若有多处需要说明,则以两个或两个以上的标示号区分,并依次说明。表注内容不应与正文叙述重复,一般用于说明统计量值,也可用于解释表中缩写文字。

7.1.6 位置 (placement)

一般情况下,表格应紧随相应文字叙述之后,以便于读者的阅读。有时也可将其放置于论文章节最后(有的期刊要求论文提交时表格置于正文之后,或作为独立文件单独提交),以便于说明所有文字内容而避免叙述中断。切忌先出现表格而后出现提及表序语句的情况。另外,将表格嵌入正文中时,应避免将文字切割成零碎的文字小块,并尽量避免跨页列表。

7.1.7 正文引述 (describe)

论文中每个表格都必须在正文中提及,并解释表格所表达的事物关系或趋势。

例如:"水的推进性能参数明显高于冰(表3)"。

这里强调的是,叙述时不应没有任何解释性或结论性的表述而直接让读者参阅表格。

例如:"表3对比给出了冰和水的推进性能"。

修改后:"冰的推进性能的实验研究结果很不理想,无论是冲量耦合系数,还是比冲和能量转化效率,与水相比都有差距(表3)"。

7.1.8 表格绘制原则[4]

在科技论文中,凡用文字或者插图能说明的问题,尽量不用表格。如果用表格,则文中不需要重复其数据,更不要同时用表和图重复同一数据,当然对一些重要数据可以在正文中加以讨论。表格切忌将所用内容不分层次地列在一起或在同一篇文中内列多个同类型的表格,导致文章松散、内容冗繁。

表格中的数据可以水平或者竖直展示,但是为了阅读方便,在表格中应该使同类型的数据放在同一列而不是同一行。如图7-4中将栏目线上方的纵表头改为横表头更便于比较,同时把表中的英文缩写改为中文表达。

表 1 ××在含不同缓蚀剂溶液中的极化曲线参数

	纯水	TTA + TSP	TTA + TSP + MBT	TTA + EA
自腐蚀电位/(mV)	−45.620	4.858	1.865	−59.78
腐蚀电流密度/(μA/cm²)	9.951×10^{-1}	1.960×10^{-2}	2.197×10^{-2}	2.914×10^{-2}
腐蚀速率/(mm/a)	1.170×10^{-4}	2.304×10^{-4}	2.582×10^{-4}	3.426×10^{-4}

表 2 ××在含不同缓蚀剂溶液中的极化曲线参数

缓蚀剂溶液	自腐蚀电位/mV	腐蚀电流密度/(μA·cm⁻²)	腐蚀速率/(mm·a⁻¹)
纯水	−45.620	9.951×10^{-1}	1.170×10^{-4}
甲基苯骈三氮唑(TTA) + 磷酸钠(TSP)	4.858	1.960×10^{-2}	2.304×10^{-4}
甲基苯骈三氮唑(TTA) + 磷酸钠(TSP) + 硫基苯骈噻唑(MB)	1.865	2.197×10^{-2}	2.582×10^{-4}
甲基苯骈三氮唑(TTA) + 三乙醇胺(EA)	−59.78	2.914×10^{-2}	3.426×10^{-4}

图 7−4　表格项目栏不规范示例[4]

如图 7−5 中表 3 设计不合理，表格显得松散且浪费版面，可读性差，可以修改为表 4 的形式。

表 3 ××辐照后××材料的综合性能变化情况

序号	样品名称	压缩率/%		
		新鲜	贮存 1 年	贮存 2 年
1	XX-1	21.2	20.7 (↓2.4%)	20.5 (↓3.3%)
2	XX-2	18.5	17.4 (↓5.9%)	17.1 (↓7.6%)
		回弹率/%		
1	XX-1	30.5	29.6 (↓2.9%)	29.3 (↓3.9%)
2	XX-2	32.2	30.4 (↓5.6%)	29.6 (↓8.1%)
		应力松弛率/%		
1	XX-1	21.3	22.0 (↓3.3%)	22.7 (↓6.6%)
2	XX-2	20.7	22.0 (↓6.3%)	22.5 (↓8.7%)
		压缩永久变形量/%		
1	XX-1	9.5	10.3 (↓8.4%)	10.5 (↓10.5%)
2	XX-2	8.4	9.0 (↓7.1%)	9.2 (↓9.5%)

表 4 ××辐照后××材料的综合性能变化情况

序号	样品	状态	压缩率/%	回弹率/%	应力松弛率/%	压缩永久变形量/%
1	XX-1	新鲜	21.2	30.5	21.3	9.5
		贮存 1 a	20.7 (↓2.4)	29.6 (↓2.9)	22.0 (↓3.3)	10.3 (↓8.4)
		贮存 2 a	20.5 (↓3.3)	29.3 (↓3.9)	22.7 (↓6.6)	10.5 (↓10.5)
2	XX-2	新鲜	18.5	32.2	20.7	8.4
		贮存 1 a	17.4 (↓5.9)	30.4 (↓5.6)	22.0 (↓6.3)	9.0 (↓7.1)
		贮存 2 a	17.1 (↓7.6)	29.6 (↓8.1)	22.5 (↓8.7)	9.2 (↓9.5)

图 7−5　表格设计不合理示例[4]

7.2　如何绘制插图

7.2.1　插图的基本要求

插图同样是反映论文质量的重要指标之一。科技绘图是一门将艺术和科学融合的工作，既能用图片的艺术感来吸引读者，又能帮助读者理解科研工作者所研究的内容[5]。论文的插图由作者绘制，图片质量也由作者负责，审稿专家对粗劣马虎的插图印象差打分低，编辑部肯定是优先接收插图质量优秀的论文。

有些作者不太注意这方面的问题,认为这都是小节,只要论文内容过关就可以了。其实不然,因为这也在一定程度上反映了作者的学术素养。质量越高(比如说影响因子)的期刊,往往对插图质量的要求也就越高。期刊上乘的内容如果缺失了规范表达和美观版式的配合,未免是一种遗憾,也很难在各种期刊激烈的竞争中立于不败之地。

插图按照表现方式或者制作方式分为线条图和连续色调图;按照内容分为坐标曲线图、结构示意图、工作原理图、流程图和地图等;按照所占版式分为页内图、跨页图和插页图;按照颜色分为单色图、双色图和多色图。坐标曲线图的基本构成如图 7-6 所示。

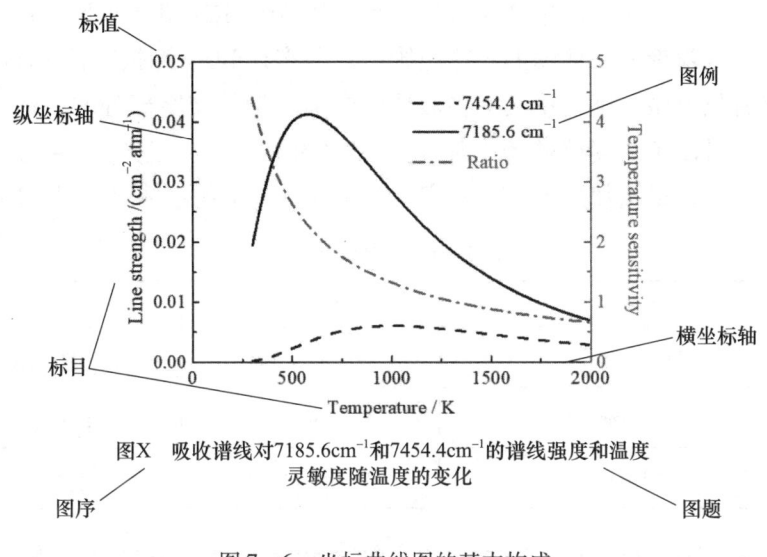

图 7-6 坐标曲线图的基本构成

1. 插图的格式和常规用软件

插图的图片尺寸要符合规范,每份期刊都只接收指定格式的图片,必要时需要使用彩图和矢量图等。插图绘制和编辑的软件多种多样,常用的软件包括具有绘制数据图功能的 Excel、SigmaPlot、Origin、Visio、Matlab 等,具有图片编辑功能的 Photoshop、PowerPoint 等。建议使用 TIFF 格式位图,用 Photoshop 编辑的插图导出 TIFF 格式的图片时,建议拼合图层。建议使用 EPS 格式的矢量图,这种格式可以嵌入位图。有些期刊明确要求不接受嵌入文档的插图,也就是需要将插图单独发送给编辑部,以便保证插图的印刷质量。这里推荐使用 Origin 绘图软件,界面非常友好,图表类型全面丰富，各种参数的调节也比较方便，同时可以与 Word 兼容，嵌入文档中插图保存了绘图中的数据，可以随时修改，避免了因原始数据丢失而无法修改插图的问题。

彩色图像使用 RGB 模式或者 CMYK 格式均可，也就是说颜色通道的使用根据编辑部的具体要求来选择。灰度图建议大家使用灰度模式。

2. 插图中的元素

插图中的元素要求对位整齐，图片的清晰度要符合印刷要求；插图中相同类型的文字大小要统一，线条粗细也统一，文字字体选择要符合要求并保持一致。

插图中的文字一般中文用宋体，英文用 Arial 或者 Times New Roman 字体均可，整篇论文中插图的字体应统一。很多期刊对字体大小没有严格限制，作者只要做到整篇论文中多数插图中同类型的文字部分的字体大小保持一致就可以了。建议插图上使用的最大的文字不应该大于 14 号字，否则字体过大，尽量使用 8 ~ 12 号字，少用 6 号以下的字体（表 7 - 1）。

表 7 - 1　字体大小比较

字体	6 号字	14 号字
Arial 字体	paper	paper
Times New Roman 字体	paper	paper
宋体	论文	论文

线条图中的坐标应该使用黑色。线条粗细按照国家标准。线条过细，印刷时会出现断痕；线条过粗会影响美观。论文中线条粗细应统一，如图 7 - 7 所示，不能出现同一类型线条粗细不一致的情况。

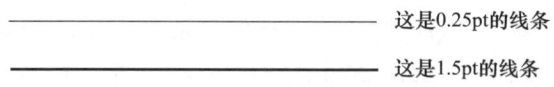

图 7 - 7　不同粗细线条的显示效果

插图高度一般不超过 21 厘米，宽度则分为半版图（7.5 ~ 8.5 厘米）、2/3 版图（10 ~ 12 厘米）和整版图（14 ~ 17 厘米）三种；各部分图片一般用加粗 a、b、c 或者 A、B、C 标注。

7.2.2 插图绘制的原则

(1) 所设计插图表达的内容必须服务于论文的主题,应与文字表述及表格有机地构成一体,共同论证论文的中心。

(2) 所设计的插图必须具有写实性,即必须严格地忠实于所描述的对象,不能主观臆造,也不能随意夸张。

(3) 所设计插图要有自明性,即只看图题和图本身,不看正文也能理解图意。

(4) 所设计插图与表格内容一般不重复;通常可用简明的文字就能描述清楚的问题,可不设计插图。

(5) 插图内的各种符号、量名称及其单位、名词术语必须符合国际标准、国家标准和有关行业标准。

(6) 用笔绘制插图时,一般使用黑色墨水,线条粗细均匀,比例协调;机器打印出来的图墨色清晰,字迹清楚,照片图应清晰真实,层次分明,反差适当。

(7) 一篇论文中的插图,其风格体例应该相同。

(8) 不要出现"见上图""见下图"字样。

7.2.3 插图应用举例

图表三分靠长相,七分靠打扮,同样的实验数据,只是表现方式不同,但是效果完全不一样。

1. 图线与坐标轴

制作插图时,需要考虑黑白打印情况下的各线条(数据点)的区分,建议大家在必须使用彩色的时候才去用它,不要单纯为了追求美观,此外编辑部一般需要额外收取彩色插图的费用。如图7-8(a)所示,彩图可以较好地区分各条图线,但是当此图为黑白打印时,就无法区分图中的各条图线。将图(a)改为图(b)即可明显区分各条图线含义。此外,图中DAS数据与WMS-TXP的数据点接近容易覆盖,所以在绘图时,将DAS的图例采用空心"□"展示。

坐标轴的尺寸要合理选择。若坐标轴的范围选择过大,则容易造成数据信息辨识不清;反之,则造成数据缺失。此外,还可以利用图中图的形式,如图7-9所示,由于数据纵坐标范围较大,仅通过主图无法反映数据的细节，在子图中适当更改坐标范围展示更多重要的数据细节。

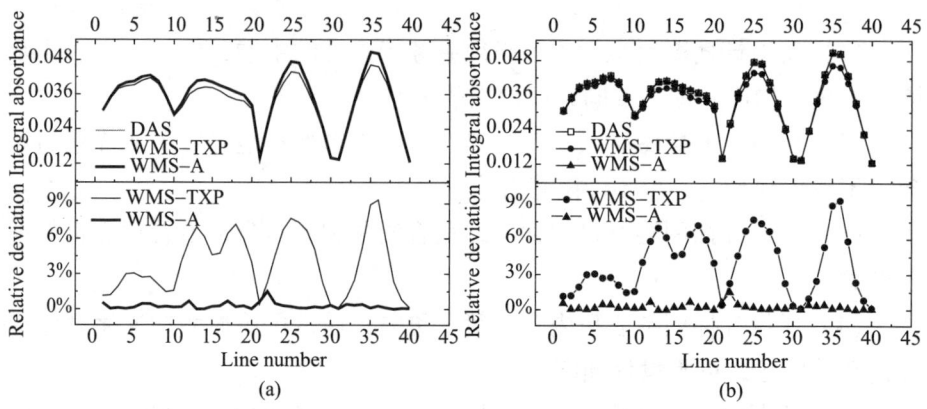

图 7-8　采用图例加以区分各线条图[6]

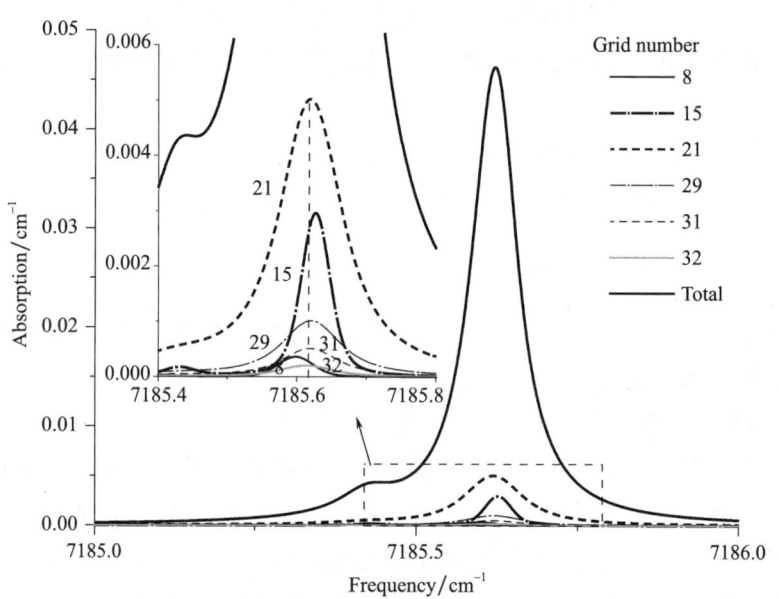

图 7-9　便于展示数据细节的图中图示例[7]

在系列图中，为了便于横向比较，坐标轴范围需要尽量选取一致。如图 7-10 所示，系列图是为了比较不同发射端数目的重建结果图，因此在呈现计算区域（x、y 坐标选取）及温度（颜色栏）的范围、间隔均是相同的。

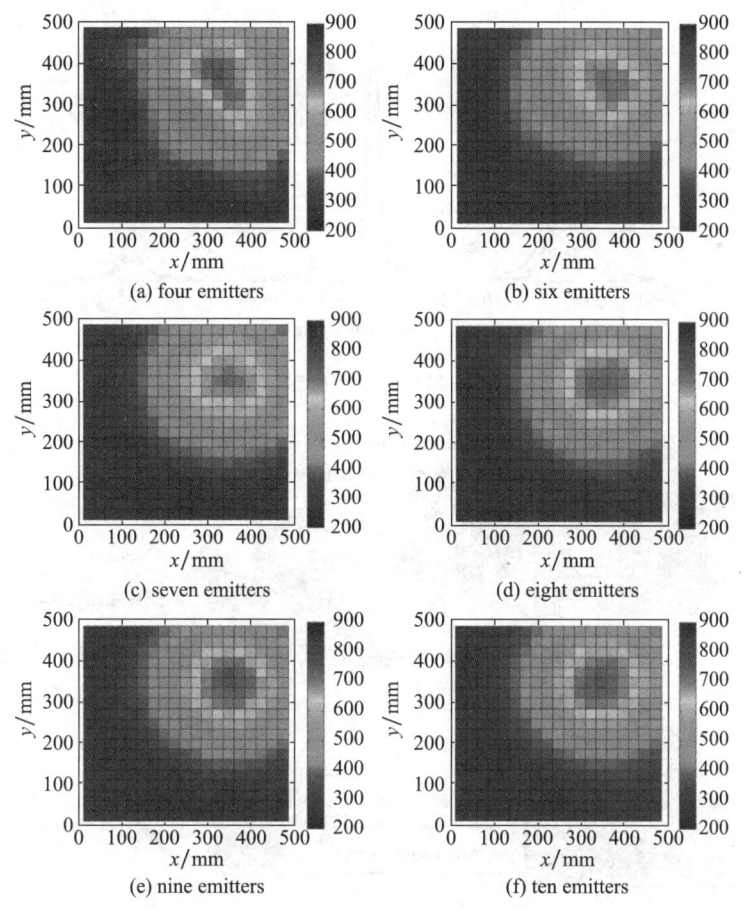

图 7-10　系列图中坐标轴范围选取示例[8]

另外,根据需要还可对坐标轴进行"打断"。如图 7-11 所示,图中给出了三个温度时三组水分子的吸收谱线线型,图中采用"打断"横坐标的形式,一方面是因为在连续坐标下水的吸收谱线不只有这三条,另一方面采用相同的纵坐标便于三条谱线间比较数据的大小。

2. 实验装置图

巧妙使用照片图,会使论文更加直观和自信。如果能够在论文中给出实验材料或者实验设备的真实照片,毫无疑问会为论文增色很多。比如 2015 年 *Fuel* 上刊登的一篇利用激光吸收光谱方法对气化炉进行多组分测量的论文[9],论文中既给出了实验装置的设计图又给出了实物照片(图 7-12),这样文章就很具有说服力。

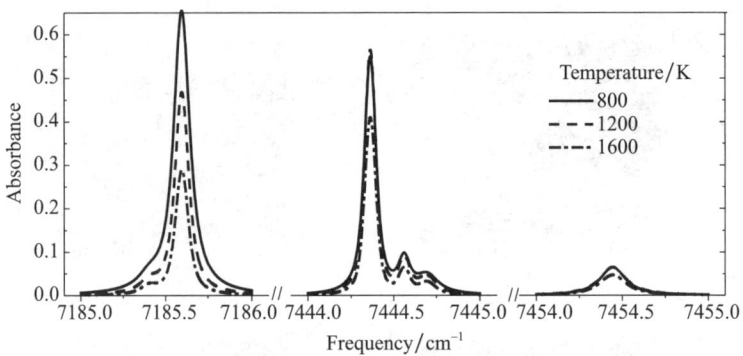

图 7-11 打断坐标轴示例

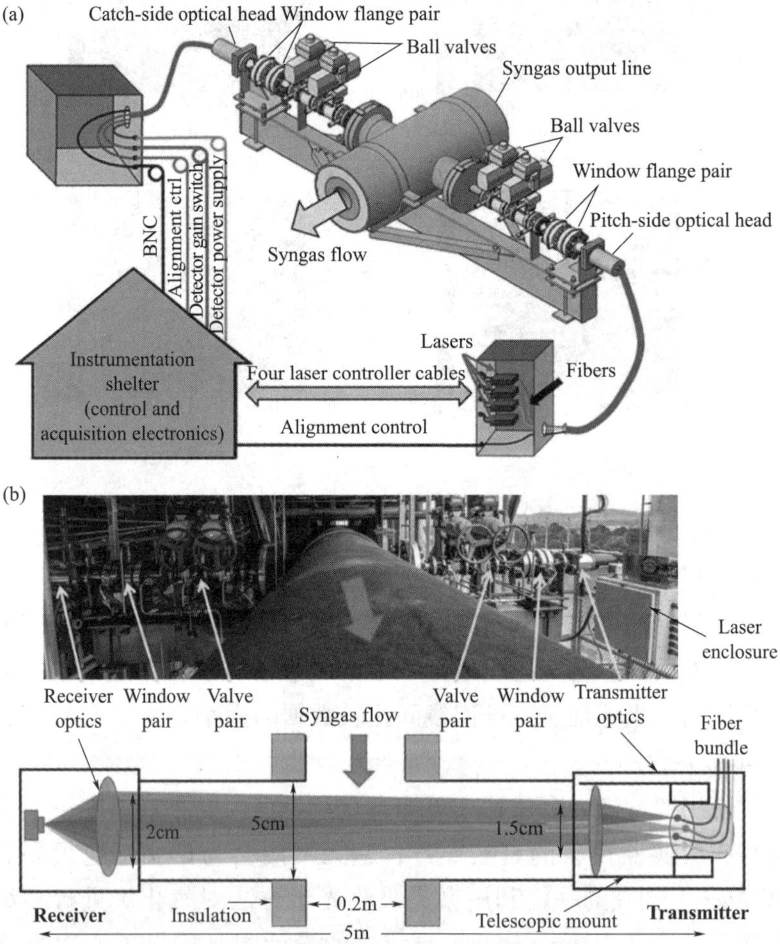

图 7-12 实验测量装置示意图及现场照片[9]

需要说明实验对象的尺寸时，建议在图上放一把标尺。医学和生物领域报道动物标本时需要标尺，实际上工程技术领域有时候也是需要的。图7-13为LRIT-30推力器实物及点火照片，图中既给出了标尺又给出了推力器点火时的照片，非常形象具体地展示出了推力器的大小和工作状态。

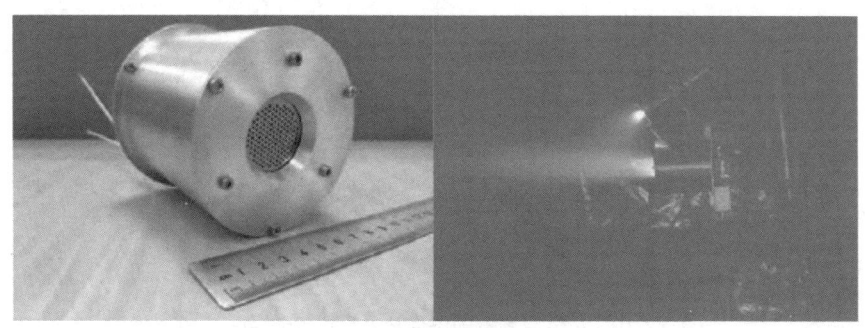

图7-13　LRIT-30推力器实物及点火照片[10]

3. 合并数据图

当论文中的数据过多时，将不同条件放在同一个图中，可以简化页面，便于读者比较。将图7-14中左边3幅图合并为右边1幅图之后，读者只需要看插图，就完全可以明白作者要表达的思想了；如果作者分别给出左边3幅图，读者需要花较多的时间去对比分析，同时还需要到文中去仔细寻找3幅图分别对应的条件，因为左边3幅图没有给出电流i的实验条件。同时细心的读者可能会发现，图7-14中坐标轴上的刻度线全部都朝向内侧，这样给人的感觉会更舒服一些，目前多数期刊是这么做的。

4. 巧妙使用绘图

从图7-15中可以看出，插图比化学反应方程式要直观一些，更便于读者阅读。

从图7-16和图7-17中可以看出，对于一些较复杂的过程，立体图比平面图的表达效果更好。

5. 插图的色彩[11]

色彩搭配不仅关系到插图的美观，还会关系到数据的有效表达。需要在平时的学习和工作中多留心，收集一些高质量的插图配色方案，提升自己的审美，逐渐建立自己的绘图风格。

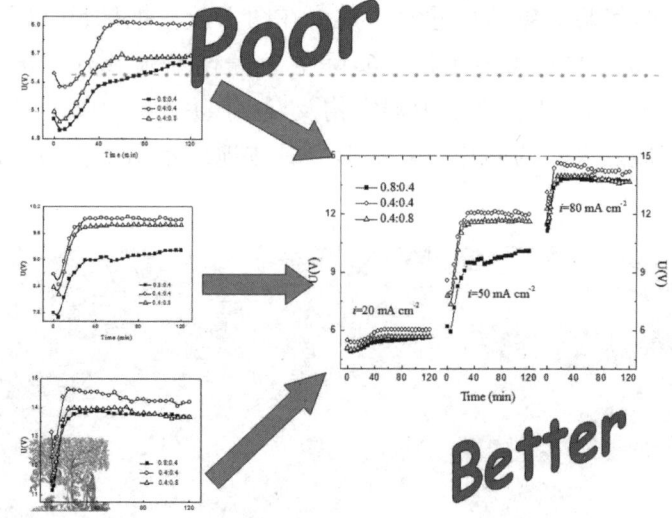

图7-14 将不同条件放在同一个图中

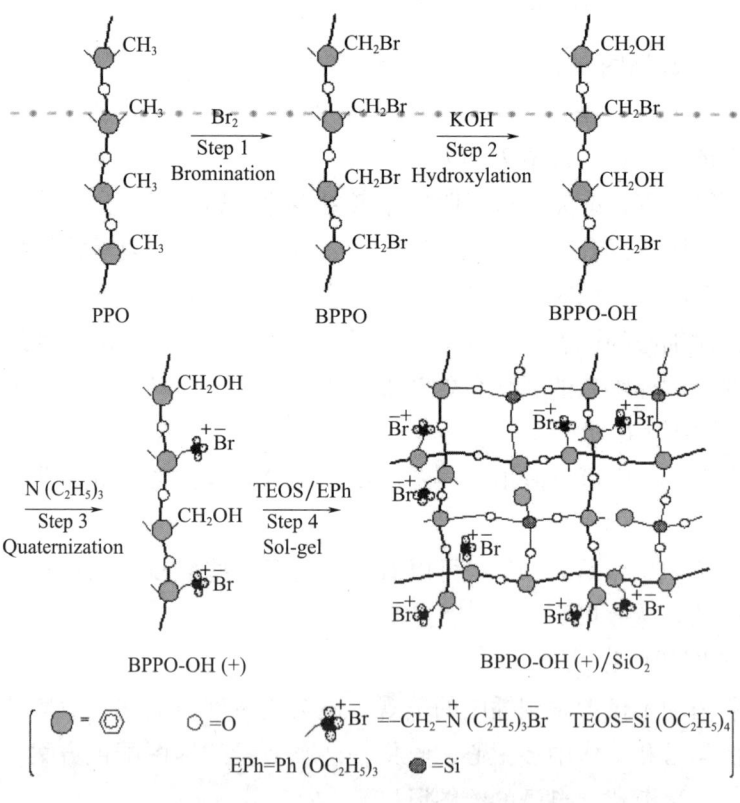

图7-15 化学方程式与插图

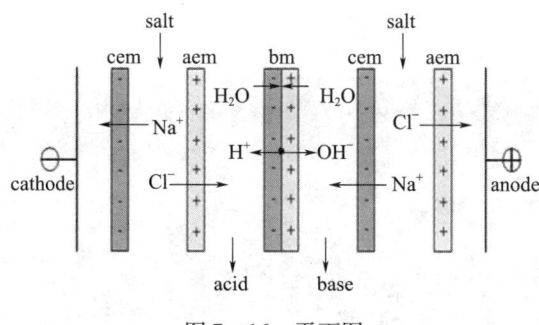

图 7-16　平面图

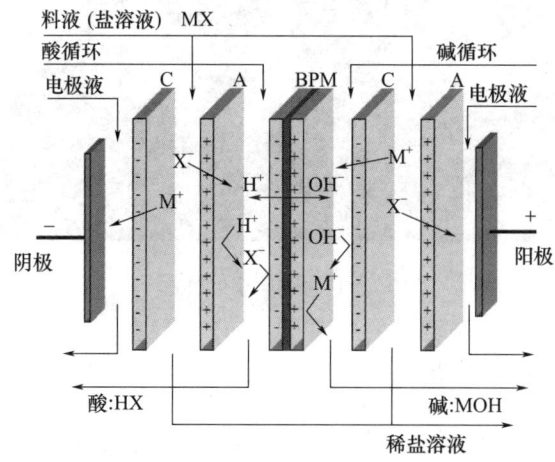

图 7-17　立体图

（1）不要太相信绘图软件的默认设置。绘图软件一般会有默认设置，但根据撰写的实际情况，可以调整图线、图例、坐标轴、字体等。尤其有多幅子图时，坐标轴字体容易过小导致读者难以阅读。

（2）相邻的图线不宜采用相近的颜色。相邻的两条图线最好采用不同的图例和区别较为明显的颜色，以示区别。可以采用冷色调和暖色调两种颜色，方便图线更好区分。如果数据之间有一定联系（时间、空间等），可以采用渐变色表示数据趋势的变化。因为图线和颜色太多，会让图片失去重点，当采用渐变色来表达这些图线时，不仅整个图更加美观，而且所表达的信息也更加清楚。

（3）可以使用突出的颜色或者标记使读者快速地抓住重点。黑色往往是最深和最显眼的颜色，在柱形图或者饼图中黑色要慎重使用。在线条图中可以用于重要数据的表达。在插图中可以适当做一些标记，把自己想要突出的重点表达出来（图 7-18）。

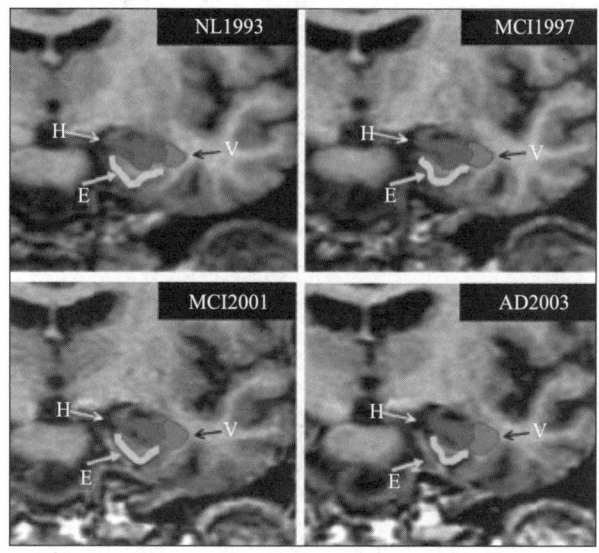

图 7-18　插图中的标记

7.2.4　插图还是表格

表格给出的是准确数据，插图展示数据的变化趋势。一般情况下给出了表格，就不需要再重复给出插图了。也有例外的情况，这里以 *Journal of Propulsion & Power* 上的一篇文章为例[12]。表 7-2 给出的实验数据略显复杂，因此作者又分别给出了图 7-19～图 7-21，目的是讨论清楚各种影响因素对不同推进性能的影响规律。另外，提醒一点，国际领域的同行对实验误差特别重视。在写作结果部分时，最好一并给出数据的误差。

表 7-2　实验数据举例[12]

D_{32} [μm]	v [m/s]	Flow rate [g/s]	Supplied mass [mg]	C_m [dyne/W]	I_{sp} [s]	η [%]
49.1±0.2	16±0.9	3.121±0.001	31.21±0.01	52.1±1.1	100±2	26.1±1.0
59.8±0.9	10.9±0.1	3.231±0.009	32.31±0.09	50.3±2.5	94±5	23.6±2.5
63.8±0.4	12.3±0.6	2.858±0.006	28.58±0.06	48.6±3.9	102±6	24.8±3.6
70.1±0.7	14.2±0.4	3.323±0.008	33.23±0.08	41.0±4.6	74±10	15.2±4.0
78.6±0.6	6.9±0.7	3.087±0.003	30.87±0.03	51.9±0.5	100±8	26.0±2.3

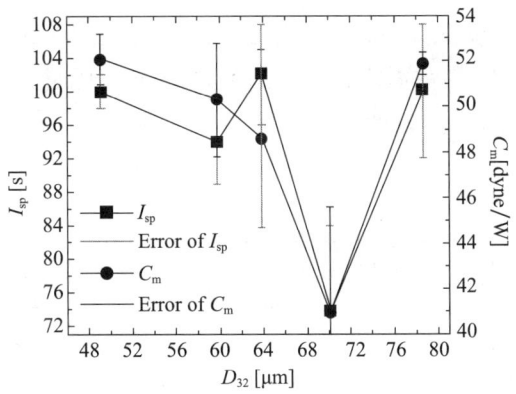

图 7-19 I_{sp} and C_m vs D_{32}

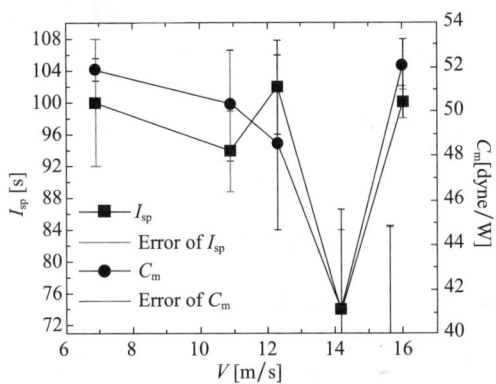

图 7-20 I_{sp} and C_m vs V

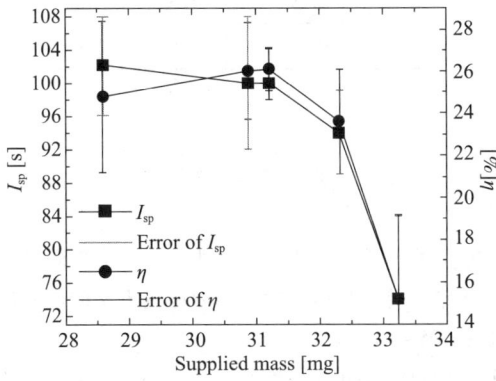

图 7-21 I_{sp} and η vs supplied mass each time

图7-22给出3类信息分享的5种分享意愿度比较[12]，而实际上5种分享意愿不存在连续性关系，仅是数据比较，使用折线图易产生歧义，使读者既费解又容易误解插图要表达的科学含义。因此，将插图改为三线表，如表7-3所示，逻辑性和可比性明显增强。

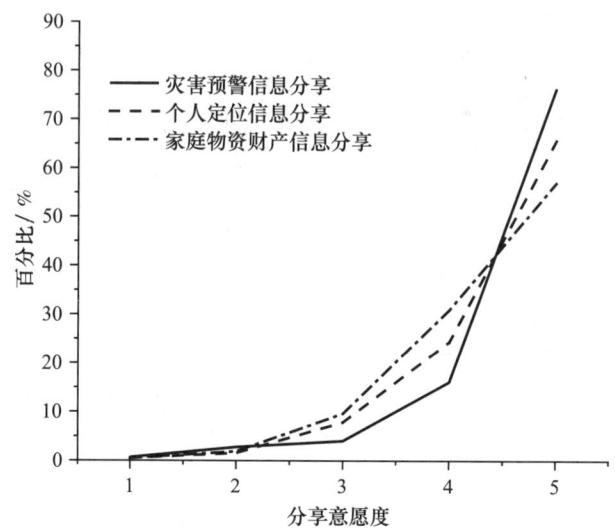

图7-22 3类信息分享的5种分享愿意度比较[12]

表7-3 3类信息分享的5种分享愿意度比较[12]　　　　　　　　　单位%

信息分享种类	分享意愿表				
	非常不愿意	不愿意	不确定	愿意	非常愿意
灾害预警	0.65	2.78	4.04	16.11	76.42
个人定位	0.49	1.55	7.88	24.37	65.71
家庭物资财产	0.49	1.88	9.65	30.97	57.01

参考文献

[1] 学术出版规范 表格：CY/T 170—2019［S］．北京：国家新闻出版署，2019．

[2] 魏甜甜，胡红芳，曾浩，等．环境中偏二甲肼检测方法的研究进展［J］．职业与健康，2023，39（5）：705-710．

[3] Stokes E K, Zambrano L D, Anderson K N, et al. Corona virus disease 2019 case surveillance［R］. Morbidity Mortality Weekly Report 2020, 69 (24): 759-765.

[4] 李洁,陈竹,金丹,等.科技期刊论文表格编辑加工常见问题分析[J].编辑学报. 2019,31(S2):71–73.

[5] 关小红,樊鹏,孙远奎,等.科技论文中图表的规范表达[J].教育教学论坛, 2020,24(6):85–88.

[6] Song J, Xin M, Rao W, et al. Integral absorbance measurement for a non–uniform flow field using wavelength modulation absorption spectroscopy[J]. Applied Optics, 2021, 60 (17): 5056–5065.

[7] Song J, Hong Y, Wang G, et al. Simulation of mass flux measurement based on tunable diode laser absorption spectroscopy in non–uniform flows[J]. Optik–International Journal for Light and Electron Optics, 2013, 124 (22): 5742–5746.

[8] 宋俊玲,洪延姬,王广宇.温度场二维重建非规则光线分布优化[J].光学学报, 2013,33(4):275–283.

[9] Sur R, Sun K, Jeffries JB, et al. Scanned–wavelength–modulation–spectroscopy sensor for CO, CO_2, CH_4 and H_2O in a high–pressure engineering–scale transport–reactor coal gasifier[J]. Fuel, 2015, 150: 102–111.

[10] 耿海,李婧,吴辰宸,等.空间电推进技术发展及应用展望[J].气体物理,2023, 8(1):1–16.

[11] 关小红,秦荷杰,荷震.高质量SCI论文入门必备:从选题到发表[M].北京:化学工业出版社,2020.

[12] Li X, Hong Y, Wen M, et al. Influencing factors on propulsive performances of water droplets for laser propulsion[J]. Journal of Propulsion and Power, 2010, 26 (5): 1025–1028.

[13] 张福颖,倪东鸿.科技论文中图表编辑加工的8类情形[J].编辑学报,2019,31 (4):391–394.

第8章　科技论文后置部分的写作

本章主要讨论参考文献和致谢等科技论文后置部分的写作。

8.1　参考文献的写作

8.1.1　参考文献的重要性

参考文献是科技论文中非常重要的一部分内容，但相对比较容易撰写。一篇科技论文的作者引用什么样的参考文献，在很大程度上证明了作者以及他所撰写的科技论文的学术水平，审稿专家一般比较关心这部分内容。如果一篇科技论文的参考文献全部都是中文文献，首先说明作者不了解国际领域的研究现状和发展趋势（极少数研究方向除外）；如果这些中文文献的水平也很低，比如说大部分是科普类期刊上的论文，基本上可以断定论文水平一般。

8.1.2　应该引用什么样的参考文献

关于参考文献的引用，很多作者容易走两个极端——过多或者过少。

过多主要表现在没有选择，一味地追求全面，导致参考文献数量过多。关于引用参考文献的数量，没有明确的标准，有些期刊要求参考文献的数量不少于15篇。应客观看待，参考文献的数量并不是越多越好，只要能够把本领域最相关的主要文献参考到了，也就够了。即使是综述性论文，参考文献的引用也是有选择性的，并不是越多越好。

过少主要表现在对国内外研究现状和发展趋势没有把握，查阅的文献资料太少，这种科技论文是很难达到发表水平的。另外，有些作者喜欢过多引用自己的文章；还有一些作者会刻意引用很多外文的参考文献，相反中文参考文献很少。这些都是误区，应尽量克服。现在统计科技论文的被引用情况，明确强调他引率，自己引用自己的文章是可以的，必须出于必要，而不要牵强附会地引用。中文参考文献很少，审稿专家自然会认为你对国内的情况不甚了解；当然，国内确实还没有开始研究的国外新型领域是有可能的，但这种情况也不多见。

在引用参考文献时，提几点建议：

（1）数量适中。讨论引言部分写作的时候已经谈到过，没有明确的数量标准，需根据论文研究领域以及所投期刊的要求来定，过多或者多少都不提倡。过多引用没有必要，还会占用大量的篇幅，浪费版面费；引用太少，也很难讲清楚国内外研究现状和发展趋势；如果故意回避引用一些重要参考文献，还会触犯学术道德。

（2）只引用重要参考文献。一般而言，相关研究领域的参考文献数量很多，作者只需要切实掌握世界领域主要研究机构和学术带头人的研究现状就可以了。

（3）文献资料要新。文献资料越新，越能够说明作者掌握本领域的研究现状和发展趋势，也在无形之中提升了论文的水平。相反，如果引用的文献资料大部分是多年前的，审稿专家和读者会觉得没有掌握目前的研究现状和发展趋势。

（4）引用他人数据（图表）一定要注明参考文献。这是国内作者比较容易忽视的。特别是在讨论部分，经常遇到与他人的研究结果进行对比分析，有时候还要直接引用他人已经发表过的图表，这时一定要在图题和标题上注明参考文献，否则就会有剽窃之嫌。

（5）切忌间接引用。这个问题在引言部分的写作中，已经讨论过了，这里只是重新强调一下，不再重复。

8.1.3 参考文献的著录格式

国内外各种期刊对参考文献的著录格式要求有很大不同，我国的参考文献著录方式按国标 GB/T 7714—2015[1] 执行，大多数期刊常用的参考文献标识分为顺序编码制、著者姓名—出版年制，多数学术刊物采用顺序编码制。

参考文献著录信息以期刊文章为例，包括作者、标题、期刊名、发表年、卷号、期号、起止页码等。不同的期刊有不同的参考文献格式要求，这里只是建议大家使用文献管理软件如 Endnote 对文献进行分类管理，一是便于日后文献的查找和阅读，二是撰写论文时可以按照所投期刊格式导出文件。作者在检索和下载相关论文时，顺便将其 Endnote 格式的引用一并下载，导入本地 Endnote 软件中，并进行分类。下载后的参考文献格式，还需要与原文信息仔细核对，避免出现错误。常见错误有如下几种情况[2]：

1. 作者的"姓"和"名"

英文论文中，有作者名姓在前、名在后、中间以逗号分隔的写法，也有名在前、姓在后的写法，这取决于期刊的要求，由于习惯不同，容易出现将国外作者的"姓"和"名"顺序弄反的问题。

2. 期刊名称

引用文献时，仔细核对期刊名称，不能更改期刊名称。有些期刊的名称非常相似，容易混淆，如"Water Research""Water Resources Research""Water Environment Research"三个期刊名称非常类似。

3. 年份、卷号和期号

需要核对参考文献的出版年，有些文献会被期刊录用后网络优先出版，但是在引用时应当以文献的正式出版日期为准。若想引用网络优先出版且尚无期刊号的文章，可以加注文章的 DOI 号。例如《航空学报》对于优先出版尚未正式发表的文献有如下引用格式[3]：

（1）网络地址中不含 DOI 的。

黄学良．双谐振耦合能量信息同步技术研究［J/OL］．电工技术学报，（更新日期）［引用日期］．http：//oninelibrary. wiley. com/doi/10. 7666/d. y351065.

Huang X L. Xxx yyy［J/OL］. Transaction of China electrotechnical society（2015 - 05 - 20）［2015 - 06 - 25］. http：//oninelibrary. wiley. com/doi/10. 7666/d. y351065.

（2）网络地址中含 DOI 的。

黄学良．双谐振耦合能量信息同步技术研究［J/OL］．电工技术学报，（更新日期）［引用日期］．http：//oninelibrary. wiley. com/doi/10. 7666/d. y351065.

Huang X L. Xxx yyy［J/OL］. Transaction of China electrotechnical society，（2015 - 05 - 20）［2015 - 06 - 25］. http：//oninelibrary. wiley. com/doi/10. 7666/d. y351065.

4. 互联网资源的使用

特别是在互联网上（不是通过专门的期刊数据库）查阅到的资料，建议养成随手标注资料准确来源的习惯。不及时标注来源，日后再专门补充参考文献时，就变得异常困难。

8.1.4 典型期刊对参考文献的著录要求

以期刊《强激光与粒子束》对参考文献的著录要求为例[4]，简要介绍其对参考文献的著录要求。

本刊要求参考文献必须是公开出版物，内部资料不作为相关文献，文献数目不宜少于15条。注意精选国内外的最新的相关文献，按顺序编码制组织，即各篇文献要按正文标注的序号依次列表于文后，每条参考文献最后以"."结束。参考文献不要重复。

参考文献的中外作者一律姓在前，名在后；外国作者姓全部著录，名缩写为首字母（大写），不加缩写点（.），如"Bernier C L"。作者为3人或少于3人应全部写出，3人以上只列出前3人，后加"等"（et al），作者和"等"（et al）之间用","相隔。中国人姓名采用汉语拼音全拼形式，如Zhang Weiyan。

本刊常用参考文献编排格式及示例如下（部分示例中的英文形式略）：

1. 期刊——[序号] 作者. 题名 [J]. 刊名，年，卷（期）：起止页码. 或 [序号] 作者. 题名 [J]. 刊名，年，卷号：流水号.

[1] 石金水. 神龙二号加速器及其关键技术 [J]. 强激光与粒子束，2016，28：010201. (Shi Jinshui. Dragon-Ⅱ accelerator and its key technology [J]. High Power Laser and Particle Beams, 2016, 28: 010201)

[2] Foy R, Labeyrie A. Feasibility of adaptive telescope with laser probe [J]. Astron Astrophys, 1985, 152 (1): 129-130.

2. 图书——[序号] 作者. 题名 [M]. 出版地：出版者，出版年：引用页码（任选）.

[3] 杨黎明，黄凯，李恩至，等. 机械零件手册 [M]. 北京：国防工业出版社，1980：20-27. (Yang Liming, Huang Kai, Li Enzhi, et al. Mechanical Part Handbook. Beijing: National Defense Industry Press, 1980: 20-27)

3. 报告——[序号] 主要责任者. 文献题名 [R]. 出版地：出版者，出版年：起止页码（任选）. 或 [序号] 主要责任者. 文献题名 [R].

报告编号,出版年:起止页码(任选).

[4] 冯西桥. 核反应堆压力管道与压力容器的 LBB 分析 [R]. 北京:清华大学核能技术设计研究院,1997.

[5] John F. Arrays in Sisal [R]. UCRL – JC – 106081,1990.

4. 学位论文——[序号] 主要责任者. 文献题名 [D]. 出版地:出版者,出版年:起止页码(任选).

[6] 田忠. HLS 储存环高频腔的设计研究 [D]. 合肥:中国科学技术大学,1997:7 – 10.

5. 会议论文——[序号] 作者. 题名 [C] //会议(文集)名称. 出版年:起止页码. 或 [序号] 作者. 题名 [C] //会议(文集)名称. 出版地:出版者,出版年:起止页码.

[7] Li Xiangqiang, Liu Qingxiang, Zhao Liu, et al. The high – power radial line helical array antenna [C] //International Conference on Electromagnetic Field Problems and Applications. 2008:145 – 149.

[8] Hunninghaks G W. Thehunman alveolar macrophage [C] //Proc of Cultured Human Cells and Issues in Biomedical Research. New York:Academic Press,1980:54 – 56.

[9] Benkish A. Parametric investigation of capillary discharge experiment for collision X – ray lasers [C] //Proc of SPIE. 1999,3776:166 – 174.

[10] Baranov N A, Petrov G A. Data processing technique for the all – fiber wind profiler [C] //Proc of SPIE. 2017:104290G.

6. 专利文献——[序号] 作者. 专利题名:专利号 [P]. 公告日期(或公开日期).

[11] 姜锡洲. 一种温热外敷药制备方案:881056073 [P]. 1989 – 07 – 26.

[12] Liu Jialing. Multifunction disposal spatula:92214985.2 [P]. 1993 – 04 – 14.

7. 标准——[序号] 标准编号,标准名称 [S].

[13] GB 3100 ~ 3102—93,量和单位 [S].

8. 论文集——[序号] 作者. 文献题名 [C]. 出版地:出版者,出版年:起止页码(任选).

[14] 辛希孟. 信息技术与信息服务国际研讨会论文集 [C]. 北京:

中国社会科学出版社,1994.

9. 电子文献——[序号] 作者. 题名 [文献类型标志/文献载体标志]. 出版地:出版者,出版年. [引用日期]. 获取或访问路径.

[15] 萧钮. 出版业信息化迈入快车道 [EB/OL]. [2002-08-12]. http://www.creader.13GB/T 7714-2005com/news/20011219/200112190019.html.

现在很多期刊还要求给出参考文献的标识码类型。表 8-1 对各种参考文献的标识码类型进行了归纳总结。

表 8-1 文献标识码类型

文献类型 [标志代码]	普通图书 [M]	期刊 [J]	报告 [R]	编汇 [G]	会议录 [C]	电子公告 [EB]
	学位论文 [D]	标准 [S]	专利 [P]	报纸 [N]	数据库 [DB]	计算机程序 [CP]
电子文献载体类型 [标志代码]	磁带(magnetic tape) [MT]		磁盘(disk) [DK]		光盘(CD-ROM) [CD]	联机网络(online)[OL]

8.1.5 利用 Endnote 软件输出所需样式

这里以中国知网上下载的文献为例,介绍一下文献导入 Endnote 和引用方法。

第一步:首先在知网上检索到要下载的文献,然后选中后选择"导出与分析"中"导出文献—EndNote"后导出"txt"文件(图 8-1)。

(a)　　　　　　　　　　　　　　(b)

图 8-1　从中国知网导出 EndNote 论文引用格式

第二步：打开 EndNote，选择菜单"File（文件）"→"Import（导入）"→"File（文件）"命令，选择第一步下载的"txt"文件（图 8-2）。

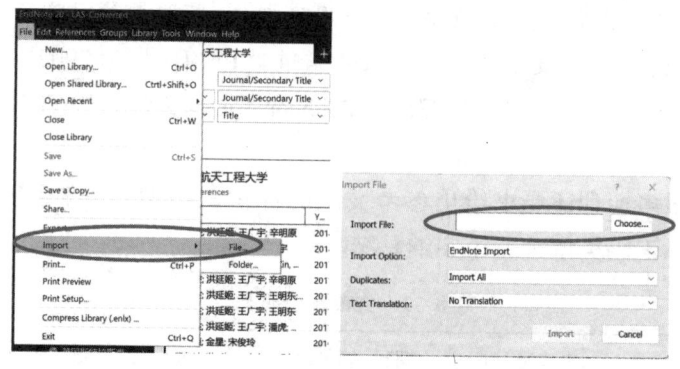

图 8-2　将文献导入 EndNote 中

第三步：首先设置需要导出的样式。选择菜单"Tools（工具）"→"Output style（输出样式）"→"Open style manager（样式管理器）"命令，进入后，勾选需要的格式，然后选择要引用的文献，单击右键"Copy Formatted Reference（复制文献格式）"，完成手动复制文献格式；或者在 Word 中选择要插入文献位置，打开 Endnote，选中一个文献，单击 Endnote 上方的"双引号"按钮，即可成功引用到 Word 内（图 8-3）。

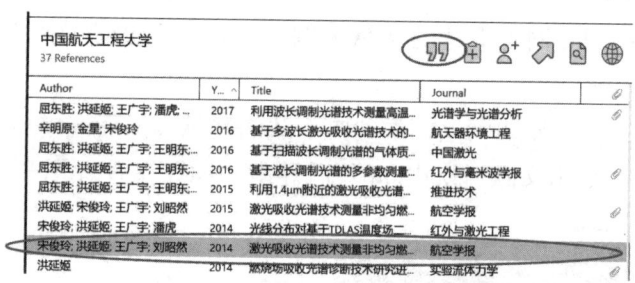

图 8-3　使用 EndNote 引用文献

8.2　致谢的写作

致谢部分一般位于参考文献之前，这部分内容并不是必不可少的，有很多科技论文特别是中文科技论文没有这一部分内容。虽不必要但也应重视这一部分内容。

致谢部分一般包括两个部分：一是感谢曾经对论文的撰写和发表给予

过帮助同时又达不到署名资格的人，这也是一种礼貌。建议用简洁的语言写清楚被感谢对象给予的具体帮助即可。

也可以感谢一下未曾谋面的审稿专家，学位论文的致谢部分写作见本书10.4.4节。

二是感谢论文获得的经费支持，外文期刊一般会在致谢部分体现论文获得的基金项目资助情况，图8-4给出了一个实例。很多中文期刊会要求在论文的首页以脚注形式，与作者简介一起给出（图8-5）。

Acknowledgments This work is supported by the National Natural Science Foundation of China (Grant Nos.11102234). The authors would like to thank all the referees and editors for their valuable suggestions to improve the contents of the paper, and extend special thanks to Dr. Fang Juan and Dr. Wang Diankai for their assistant with temperature reconstruction experiments.

图8-4 英文科技期刊致谢部分写作实例[5]

收稿日期：2021-07-21；修订日期：2021-10-14
基金项目：国家自然科学基金项目(6150030923、6150030796)资助
作者简介：姜雅晶，女，1996年生，航天工程大学激光推进及其应用国家重点实验室硕士研究生　　e-mail: jiangyajing_2019@163.com
* 通讯作者　　e-mail: songjl_2008@163.com

图8-5 首页脚注形式给出基金项目资助情况[6]

参考文献

[1] 信息与文献　参考文献著录规则：GB/T 7714—2015［S］. 北京：中华人民共和国国家质量监督检验检疫总局，中国国家标准化管理委员会，2005.

[2] 关小红，秦荷杰，荷震. 高质量SCI论文入门必备：从选题到发表［M］. 北京：化学工业出版社，2020.

[3] 《航空学报》投稿须知［EB/OL］. （2023-09-27）https://hkxb.buaa.edu.cn/CN/column/column117.shtml.

[4] 《强激光与粒子束》参考文献著录要求［EB/OL］. （2023-09-27）https://www.hplpb.com.cn/news/ckwxzlyq.htm.

[5] Song J, Hong Y, Wang G, et al. Algebraic tomographic reconstruction of two-dimensional gas temperature based on tunable diode laser absorption spectroscopy［J］. Applied Physics B-Lasers And Optics, 2013, 112（4）: 529-537.

[6] 姜雅晶，宋俊玲，饶伟，等. 采用极限学习机的流场积分吸光度快速测量方法［J］. 光谱学与光谱分析，2022，42（5）：1346-1352.

第 9 章　论文的投稿与发表

9.1　期刊的选择

9.1.1　最简单的方法

第一本真正意义上的英文学术期刊"哲学学报"（*Philosophical Transactions*）（图 9-1）于 1665 年 3 月 6 日出版，经过 350 多年的发展，现在的学术期刊种类可谓繁多。

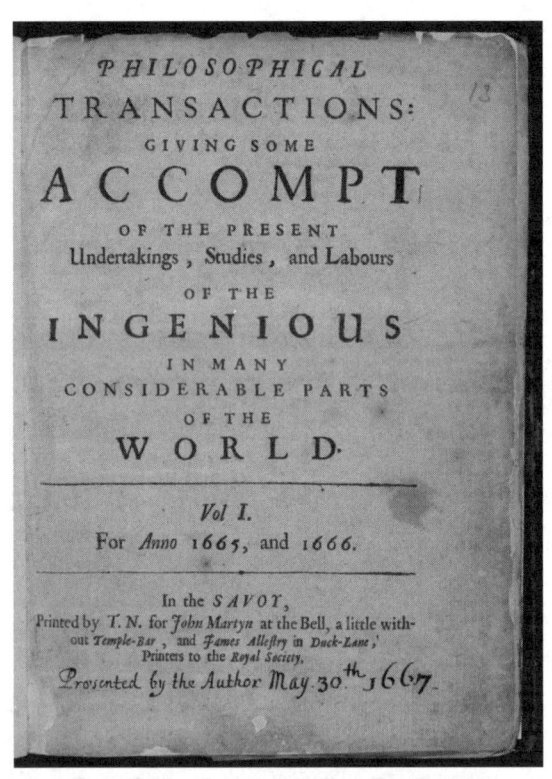

图 9-1　第一本英文学术期刊

什么是 SCI、SSCI 和 EI 呢？SCI（《科学引文索引》）于 1964 年创刊，1997 年 SCI 网络版数据库 Science Citation Index Expanded（SCI 扩展，简称 SCIE）发布。目前，SCI 有印刷版、光盘版和带文摘的光盘、通过 Web 网站访问的 SCIE 等形式，在中国境内主要使用 SCIE 数据库。2022 年 3 月，网络版 SCIE 收录的期刊量为 9618 种。SCIE 收录的期刊涉及数、理、化、农、林、医、生物等基础科学研究领域，选用刊物来源于 40 多个国家和地区。SSCI 收录人类学、历史、信息科学与图书馆学、法律、语言学、哲学、政治科学、公共卫生等 58 个学科领域的 3570 多种社会科学权威学术期刊论文。EI 的全称为 Engineering Index（工程索引），其历史最早可以追溯到 1884 年由美国华盛顿大学加收博特勒·约翰逊博士编写的索引札记，现由爱思唯尔（Elsevier）公司科技部编辑出版，是工程技术综合性、评价性的文摘型检索工具，其对应的数据库 Compendex 已成为重要的二次文献数据库[1]。

如何从种类繁多的学术期刊中选择出适合自己的，不是一件非常容易的事情。建议多向身边的老师、同学和同事们学习。大家都在一块工作，研究工作毫无疑问同时处于一个领域，他们的文章主要发表在哪些期刊上，跟着投稿肯定没错。特别是对于初学者而言，这是最为便捷的方法。研究生也应该掌握一些期刊选择的技巧，这样才能大幅提高选刊的效率。

关于期刊的选择，可以借助小木虫、Edanz Journal Selector、Journal/Author Name Estimator、JournalFinder 等选刊工具，例如，如图 9-2 所示，从小木虫 SCI 期刊点评平台上可以查询到期刊的影响因子、出版周期、审稿速度、版面费等信息。

9.1.2 选刊的几个原则

随着对本领域期刊越来越熟悉，必然会面临在若干种期刊中如何做选择的问题。

1. 首先考虑论文的学术水平和撰写质量

毫无疑问，学术水平越高的文章，对论文的创新性和撰写质量的要求就会越高。Nature、Science 只会刊登原创性极高的论文，绝大部分论文是达不到这类期刊的要求的。在投稿前，在正确评价论文学术水平的基础上，首先选择影响因子等评价指标高的期刊，如果被拒稿了，再去选择影

图 9-2 小木虫 SCI 期刊点评列表页面[2]

响稍微低一点的期刊。这样就能够保证论文发表在一个比较合适的期刊上。

当然，影响因子也要辩证地去看待它。某期刊 2023 年的影响因子计算方法为：2023 年引用的该刊与前两年发表论文的总次数除以该刊前两年发表论文的总数。从影响因子的定义来看，从事本领域研究的人员越多，取得高影响因子的概率越大。这是一个不争的事实。比如物理学领域研究人员要远远高于航天领域，物理学顶级期刊 Physical Review Letter 的影响因子为 9.2 以上，航天领域最好的期刊 AIAA Journal、Journal of Propulsion and Power 的影响因子为 2.6、1.9 左右。近年来，Chinese Journal of Aeronautics 的影响力增强，2023 年的影响因子为 5.7。因此，评价任何学术论文的水平时，首先应考虑其所属的研究领域。

另外，再举一个例子。Chemical Communications（《化学通讯》）1982 年创刊，全年 100 期，英国 Royal Society of Chemistry 出版，2023 年影响因子 4.9，被引频率 9.9，年载文量 2461，其网站上公布的审稿周期为 24 天。

而 Journal of Catalysis，2023 年影响因子 7.3，引用分数为 12.7，全年 12 期，年载文量 448。但是催化业内大家很少投 Chemical Communication，而以 Journal of Catalysis 为荣，因为后者发的是非常系统翔实的基础性文章，实验数据不厌其烦，文章长达二三十页，在催化领域有重要影响。而前者以新颖性见长，但数据很少。两者各有千秋，但是催化界大师 Somorjai 和 Goodman 从来没有在 Chemical Communication 发文，至于 A. T. Bell 和 E. Iglesia 更是以 Journal of Catalysis 为自己的阵地。

这里还想强调一下论文撰写质量的问题。除了按照前面几个章节所述，把各个部分的内容撰写清楚之外，这里想强调一下论文版式的问题。建议投稿时，一定按照拟投期刊的要求，把版式调好。这样做至少有两点好处：第一，期刊编辑拿到论文初稿之后，感觉会很舒服，会认为投稿者很熟悉他们的刊物，有助于通过初审这一关。第二，审稿专家读到该文时，规整的版面也有助于拿到审稿专家的感情分。其实，审稿专家的时间是很宝贵的，如果论文版式很乱，也可以理解为对审稿人的不尊重。

2. 发表才是硬道理

撰写学术论文的目的就是发表，只有发表了，才能达到同行交流的目的。如果撰写的英文学术论文被多家英文期刊退稿，没有关系，改成中文，改投中文期刊。只要发表了，语种没有关系，而且只要发表了，也就在这一小领域有了贡献。

另外，并不是每一位主编和审稿专家任何时候都能够做到公平公正，也会存在不识货的情况。例如，一位导师 Dr. Wang 的亲身经历是，几年前他的一篇文章，投稿到物理学领域一本声望很高的期刊，收到的审稿意见不太好。但是 Dr. Wang 对于自己的工作很肯定也很有信心，改投到名气不太大的 PHSICA A，该刊认为这篇文章学术水平很高，被选为封面文章快速发表；发表之后短短几年内就被引用 100 余次。

9.2　网上投稿

现在几乎所有的期刊都接收电子版论文。大部分期刊都建有自己的投稿系统，即使没有投稿系统，也会有一个专门的电子邮箱来接收投稿，很少再有期刊要求通过寄送纸质稿件的方式投稿。

图 9-3~图 9-5 以"航空学报"的投稿系统为例，给出了典型的中文期刊的投稿系统。一般需要先注册，然后登录（图 9-3），在网上签署版权转让协议（图 9-4，一般情况下还需要签署纸质版），最后进入投稿系统（图 9-5），按照向导式投稿。投稿前需要详细阅读"投稿指南"和"作者须知"。精读该期刊最近几期的文章，了解该期刊的收录偏好。比如同是美国光学学会下的期刊，*Optics Express* 侧重于理论或者方法的创新研究，*Applied Optics* 则更偏好将同一个问题做得深入和全面。此外，期刊一般会为作者提供撰写模板，有的期刊还提供参考文献 EndNote 输出样式，需要作者按照期刊的版式对论文进行修改。

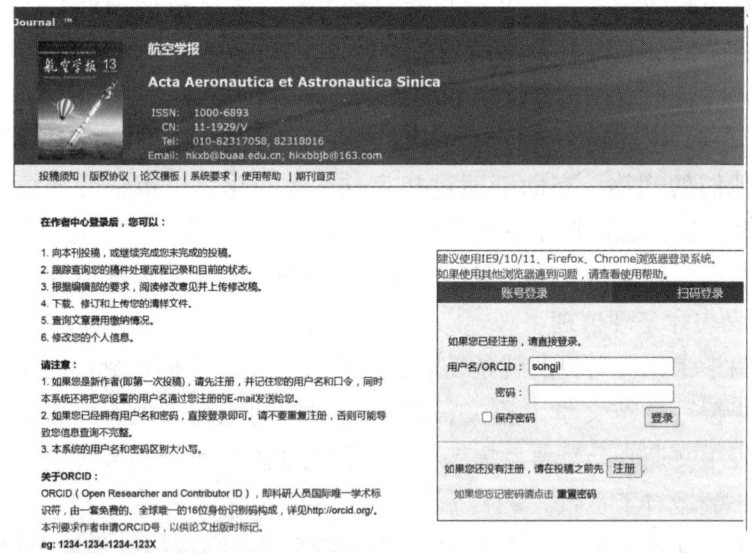

图 9-3　作者登录系统

第 9 章 论文的投稿与发表

图 9-4 版权转让协议

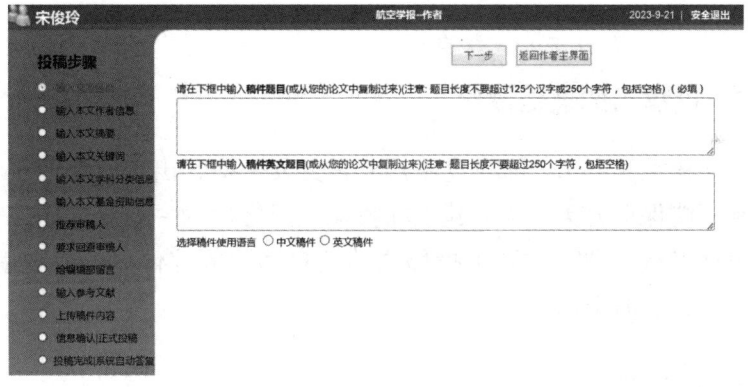

图 9-5 典型中文投稿系统

图 9-6 给出了美国光学学会主办期刊的投稿系统。从这两种中英文投稿系统来看，内容大同小异。主要包括题目、作者信息、摘要、推荐与回避的审稿专家等，这样恰恰验证了前面所述的论文前置部分写作的重要性。编辑一般首先关注前置部分的内容，从这一部分内容基本上就可以判断文章是否符合期刊的征稿要求，而且能够判断文章的基本内容。再大概

看一下正文内容，也就能够确定文章是否能通过初审，从而进入同行评议环节。

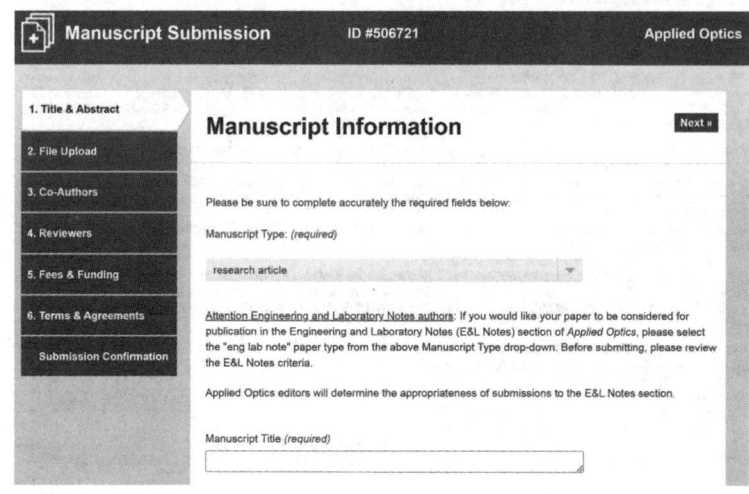

图 9-6 美国光学学会主办期刊的投稿系统

如果期刊没有投稿系统，要求通过 E-mail 投稿，建议在 E-mail 投稿信中把文章的主要内容做个简单介绍，也就是包括论文的题目和摘要等内容。

9.3 投稿后的通信联络

虽然投稿系统和 E-mail 投稿都非常方便快捷，出错的概率很小，但是，还是不能保证万无一失。建议在投稿完成之后的一两天之内，再给编辑部打电话确认。即使收到了投稿成功的自动回复邮件，也要电话确认，因为电子系统有时会出错。

9.4 同行评议

图 9-7 形象地给出了投稿之后，论文的主要处理流程，其中专家审稿俗称同行评议最为重要，只要通过了同行评议这一关，主编审稿（图 9-7 中没有体现）一般不会出现与专家意见相左的结论。

图 9-8 幽默地调侃了同行评议的残酷性，论文需要"过五关斩六将"，通过若干审稿专家的认可之后，才能得以顺利发表。

图 9-7　稿件的主要处理流程

图 9-8　同行评议

9.4.1　同行评议制度的形式

目前，几乎所有的期刊包括学术会议征文都采用同行评议制度。英文学术期刊 *Philosophical Transactions*《哲学学报》首先于 1752 年倡导和实施同行评议制度，逐步被学术界广为采纳。

同行评议主要有以下几种形式：

（1）单盲评审。也就是作者姓名对审稿人公开，但是审稿人姓名不对作者公开，60% 左右的期刊采用这种形式。

（2）双盲评审。即作者姓名和审稿人姓名互不公开。采取这种形式主要是限制审稿人的审稿倾向。

（3）公开评审。作者姓名和审稿人姓名互相公开，少数期刊采用这种方式。由于大部分审稿人不希望公开自己的身份，88%左右的期刊给作者反馈的审稿意见是隐去审稿人姓名等身份信息的。

统计结果表明，73%左右的期刊采用每篇论文 2 名审稿人的形式，18%左右的期刊采用每篇论文 3 名审稿人的形式，6%左右的期刊采用每篇论文 1 名审稿人的形式，3%左右的期刊采用每篇论文 3 名以上审稿人的形式。也有部分期刊首先请 2 名审稿人审查同一篇论文，如果出现意见相左的情况，就会再请第 3 名审稿人继续审稿。

9.4.2 同行评议关注的主要内容

1. 稿件的内容是否新颖、重要

对稿件所涉及内容创新性和重要性的评价，包括所选题目是否新颖、结果是否有新意、数据是否真实、结论是否明确等。

在评价稿件重要性的同时，许多期刊还明确要求审稿人评判稿件能否引起同行的广泛关注。综合性期刊把稿件是否具有突出的重要性和广泛的兴趣性作为稿件送同行评议的基本前提；专业性期刊，也在审稿单中明确要求审稿人判断稿件是否具有广泛的兴趣性和普遍的重要性。

涵盖学科领域较多的期刊，在给编辑部发送 E-mail 时最好简要地说明稿件的学术重要性和广泛兴趣性，以便当审稿人在重要性和兴趣性方面与作者缺乏共鸣时，编辑可综合作者与审稿人的观点做出判断。

2. 实验描述是否清楚、完整

实验应提供足够的细节以便他人具备实验条件时得以重复，或允许有经验的审稿人根据实验描述来判断数据的质量。

如果作者所采用的实验技术或流程已经发表过，应避免重复细节描述，但应给出必要的实验条件或参数和相应的参考文献，并指出所使用的具体技术；如果作者对以前发表过技术或实验流程做出改进，需要明确、具体地指出；实验材料应以化学名表示；作者还应给出不确定性的定量估计，或者由于潜在误差所导致总体结果的不确定性。

3. 讨论和结论是否合理

审稿人十分关注实验数据是否真实、可靠，讨论是否对实验结果进行了全面、深入的分析。

对作者外推的数据不足以支持的结论，审稿人应提出适当的建议，包括是否需要获得更多的证据或数据，或删除论据不足部分，甚至建议对数据或结果的其他可能性做出解释。

审稿人关注的第二和第三部分内容中，图表的使用和设计非常关键，如果能够使用和设计必要、规范、清楚的图表，毫无疑问会为论文加分。

4. 参考文献的引用是否妥当

统计表明，75%的审稿人十分关注作者对参考文献的引用，有的审稿人甚至首先浏览参考文献，以核查作者是否足够了解和掌握前人的相关工作。

参考文献的评审主要有：

（1）参考文献的著录项是否准确，并要和论文中的引用保持内部的一致性。

（2）所引用的参考文献应确有必要。

（3）核对参考文献的引用是否准确，审稿人常常发现作者所引用的文献和稿件主题的关系并不明显，其原因可能是作者并不了解这些文献，甚至根本没有阅读过这些文章（转引他人论文中的参考文献）。

作者如果在稿件中声称自己的工作取得突破或很大进步，审稿人会检查作者是否合适地引用了论证文献，尤其是他人的关键工作。

9.4.3　同行评议存在的问题

虽然绝大部分同行评议专家能够公平公正地履行审稿职责，但是还存在一些问题。

1. 主观性

期刊编辑有对稿件的初审权，如不符合投稿要求也可决定退稿。同时，少数审稿专家也可能会给出一些比较主观的意见，导致退稿。

2. 倾向性

倾向性指审稿过程中对作者的国籍、母语、性别、所属机构等方面的歧视。统计结果表明，美国、英国、法国等国家的审稿人明显倾向于优先发表本国的论文；非英语国家的作者、非知名研究机构的作者、女性作者的稿件在评审过程中很可能会受到一定程度的歧视。当审稿人与作者存在竞争关系时，审稿中的倾向性就更为明显。

3. 权利滥用

作者的权利滥用包括论文被作者肢解发表或重复发表、资深研究人员侵占年轻人的研究成果。审稿人的权利滥用包括审稿人剽窃其所审稿件中未发表的内容。审稿人故意拖延发表与其本人具有潜在竞争关系的稿件。

9.4.4 审稿人的道德责任

（1）审稿人如果对稿件的论题不熟悉，或者与作者的工作有潜在的利益或观点冲突，或者与作者（之一）存在有可能影响到公正评审的私人关系，应该回避评审，并将稿件退回给编辑部。

（2）审稿人应对稿件的内容保密，不能在会议交流或者在自己的论文中使用没有发表的信息。

（3）审稿时应充分说明评判的依据。评审意见的表述中应避免带有个人偏见、批评或建议应采取积极的方式，例如"如果……，这部分会更具有说法力"（This section would be stronger if...）"如果增加……，该研究将会更令人感兴趣"（This work would be of sufficient general interest if it included the following...）等措辞。

9.4.5 审稿人的推荐与回避

大部分期刊会要求作者在投稿的同时推荐2~3名审稿人，再加上期刊编辑部的编委会，久而久之编辑部就建立了自己的审稿专家数据库，他们一般也会从作者推荐的审稿人中选择审稿专家。因此审稿人的推荐十分重要，推荐审稿人时应注意推荐：

（1）相同专业或者研究领域的人。

（2）该领域论文发表较多的人。

（3）论文参考文献的作者。

（4）有合作关系但是无共同发表经历的人。

（5）该论文的引文作者。

不推荐以下审稿人：

（1）名气非常大的人。因为他们没有时间审稿，通常会让自己的学生和助手代劳。

（2）有共同发表经历的人。

（3）从来不发表论文或者近期没有发表论文的人。

(4) 研究领域不同的人。

(5) 同一个研究单位的人。

(6) 英文版的国际期刊建议少推荐相同国籍的人。

同时,学术界有同行评议的回避制度,可以明确要求回避与个人有利益有冲突的审稿人。

9.5 审稿意见的处理

论文经过同行评议专家审稿之后,期刊编辑部会根据审稿专家的意见,综合给出审稿意见并反馈给论文作者。作者收到的审稿意见一般是:录用、退修、退稿三者之一。一般通过 E-mail 通知,国内期刊可能还会再寄送一份纸质的通知单。

大部分作者特别是初学者,收到的最好结果就是第二种情况——退修;不需要做任何修改直接录用的情况很少,只有在科技论文写作领域修炼得炉火纯青的大专家,也许能够达到这种境界;至于退稿的情况也时有发生,对于初学者而言,有可能是家常便饭。

如果收到了"退稿"通知,这时也不用气馁,因为每一名科研工作者都会经历这种失败,这是正常的,一定要鼓足勇气,继续努力。这种情况下,无论能否同意专家的意见,也无论专家的意见正确客观与否,建议不要做太多无谓的争辩。冷静之后综合考虑审稿专家给出的意见,认真修改,可以再改投他刊。虽然各个期刊都会给论文作者申辩的权利,但是根据经验,期刊编辑部一般还是尊重并坚持专家的意见。

当然,专家有时候也难免给出有失偏颇的意见,这时据理申辩即可,但是态度一定要诚恳而且有礼貌。

如果收到了"退修"通知,这的确是一件可喜可贺的事情。这时要做的事情就是在最短的时间内,按照专家和编辑部提出的修改意见,逐条落实,完成论文的修改,再第一时间把修改稿 E-mail 给编辑部。在这个阶段花费的时间越短,修改得越认真,越有利于论文尽快得以发表。

修改中,一定要用明显的字体字号把修改过的地方标示出来,同时另外给期刊编辑附上一份详细的修改说明,这样有利于编辑核对确认。

这里强调一点,一定要逐一回答专家和编辑提出的问题,条理清晰,有利于修改稿顺利通过审查;否则,编辑部无法确认你有没有按照修改意见修改落实,很有可能会把论文做退稿处理;即使编辑部比较有耐心,花了很多时间去审查修改稿,论文也顺利通过审查,但会耽误很多时间,论文发表的时效性就差了。

笔者曾经收到过"最苛刻"的修改意见有 49 条(刊登出来的论文只有不到 4 页纸!),来自 *Journal of Propulsion and Power*。最初并没有逐条修改,也没有给出详细的修改说明。修改稿返回编辑部之后,迟迟没有消息。E-mail 联系编辑部之后,他们给出的答复是:修改过于笼统,无法确定能够录用,需要等待。因此推断,如果逐条修改,并给出详细的修改说明,编辑部说不定会尽快做出录用与否的决定。于是笔者一刻也不敢耽误,花了一天的时间逐条修改完毕,并给出了详细的修改说明。结果,第二天就收到了录用通知。书末附录 I 给出了这份详细的修改说明,希望能够有所启发。

修改稿通过审查之后,编辑部会在较短的时间内,把你的待发表论文排版,称之为校对稿。校对稿在正式出版之前,编辑部还会要求作者再校对 1~2 次。大家一定不要对校对稿做较大的修改,这是对编辑工作的尊重。而且这时基本上只会出现个别的错别字、数字和符号差错等,标注一下,修改过来就可以了。

9.6 结束语

王国维在《人间词话》中有这样的句子:"古今之成大事业、大学问者,必经过三种之境界:'昨夜西风凋碧树,独上高楼,望尽天涯路。'此第一境也。'衣带渐宽终不悔,为伊消得人憔悴。'此第二境也。'众里寻他千百度,蓦然回首,那人却在,灯火阑珊处。'此第三境也。"

王国维先生的治学三境界,形象地反映了科技论文写作与发表的艰辛过程。

参考文献

[1] 王红军. 文献检索与科技论文写作入门 [M]. 北京:机械工业出版社,2018.

[2] OPTICS EXPRESS - SCI 期刊点评小木虫 SCI 期刊点评小木虫论坛——学术科研互动平台 [EB/OL]. (2023-09-27) http://muchong.com/bbs/journal.php?view=detail&jid=6424.

第10章 学位论文的写作

10.1 学位论文的目的和规范

研究生学位论文是研究生科学研究工作的全面总结,是描述其研究成果、代表其研究水平的重要学术文献资料,是申请和授予相应学位的基本依据。学位论文撰写是研究生培养过程的基本训练之一。

学位论文的形式和格式虽然不能直接反映论文的学术水平,但是体现了论文作者的态度和学术修养,论文评阅人、答辩委员和读者会很自然地把学位论文的形式与格式看作评价学位论文质量的一个重要方面。合格的学术论文在形式和格式上要满足如下三个规范:

(1) 国家学位条例和学校对学位论文管理的各项具体规范。

(2) 学术著述的一般规范。

(3) 所有正式出版物共同遵循的文字印刷规范。

论文的形式、格式要求和模板在学位授予学校的网站上都可以查到,论文的书写格式可能略有不同,但是总框架和顺序基本是一致的。学位论文的框架结构如图 10 - 1 所示。

学位论文总体框架顺序依次为:
(1) 中文封面
(2) 英文封面
(3) 论文独创性声明、论文版权使用授权书(放同一页)
(4) 中文摘要
(5) ABSTRACT
(6) 创新点
(7) 目录
(8) 引言
(9) 正文(第一章至最后一章结论)
(10) 主要符号对照表
(11) 参考文献
(12) 附录
(13) 致谢
(14) 个人简历、在学期间发表学术论文及研究成果(放同一页)
(15) 学位论文数据集

图 10 - 1 学位论文的框架结构

学位论文撰写需要按照写作要求撰写，切勿写成工作总结或工作汇报，不能缺少其中任何一项。部分学校在论文进行答辩前，需要对学位论文进行盲审，盲审中需要去除学校标识，并且隐去能体现作者信息的相关内容，但是答辩时需要提供完整版的论文。

10.2 文献收集和整理

学位论文越早准备越好。图10-2以4年制博士研究生的时间安排为例进行说明，在课程学习的第二学期进入课题组，了解实验室的研究方向，开展文献调研；到第二学年的第二学期确定论文的选题和方向，完成开题工作；随后利用约一年半的时间对论文的研究内容逐步开展研究；第四学年的第二学期完成论文的撰写、答辩等相关事宜。

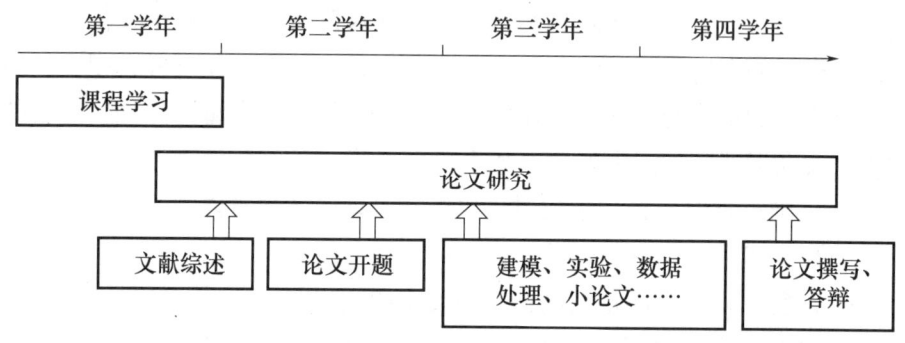

图10-2　4年制博士研究生的时间安排

文献收集和整理是后期论文选题和开展论文的基础，通过收集文献，可以较好地把握目前研究的进展、研究趋势和当前工作中的不足，这样才能使自己的研究"站在巨人的肩膀上"。在文献阅读过程中，要边学习、边总结、边思考，重点的文献和里程碑式的文献要反复阅读，理解研究者的研究思路、实验设计、理论方法等。在阅读过程中，可以对文献进行分类概括，例如，同一类研究方法、同一个研究团队或者同一国家的研究者都可以作为分类方式。同一类方法的同时阅读，可以横向对比分析技术的优缺点，同一团队文献的归类，可以纵向了解技术的发展历程。对于文献的管理可以使用专业的软件如EndNote、Papers等，也可以自己根据研究内容或者研究团体进行分类，如图10-3所示，在其文件夹内也可以写阅读相关文献的总结，以便于后续整理文献。

图 10-3 文献分类图示

撰写文献综述应该遵循"5W"原则,即按照什么人(Who)、什么时间(When)、什么地点(Where)、为什么(Why)、提出了什么观点(What)的方式撰写文献综述,需要尊重文献作者,严格引述作者的观点,不能断章取义。

通过反复大量的文献阅读,有利于自己研究问题的开展以及后期提升论文的写作能力。文献阅读并不是只在论文开展的前期,在论文的研究过程中,也要不断地阅读最新文献,这样才能掌握最新的研究动态。在论文撰写过程中,最近 5 年研究论文的引用最好占到总引用论文的 70% 以上,这样给评阅人的第一印象是作者在学习期间一直跟进最新的研究方法,开展的研究是热点问题。文献收集的途径有很多,可以利用网络电子资源、书店、图书馆等,在前面的章节已经详细介绍,这里不再赘述。

10.3 论文选题与可行性论证

10.3.1 论文的选题原则

爱因斯坦说过:"提出问题往往比解决问题更重要。"选题就是提出问题。论文的选题对于学位论文有决定性意义,"题好一半文",一个好的论文选题就等于论文完成了一半。通过前期的文献调研,对自己的研究领域已经有了一定的了解,学位论文需要具备学术性、创新性和系统性，因此要从发现问题、关注创新和研究意义三个方面对论文选题进行评估。

首先，需要带着敏锐的眼光去发现问题，牛顿从树上掉下的苹果而发现了万有引力定律，成为 17 世纪自然科学最伟大的成果之一。创新是学位论文的灵魂，是评价学位论文质量和水平的主要标准，在选题阶段对于自己的研究问题能够达到创新的目标要有一个基本的评估，在阅读文献和开展论文研究的过程中，要不断地问自己与他人工作有哪些不同和改进之处，自己工作的优势体现在哪里。在学位论文的绪论开篇应介绍论文的选题背景或者是项目的支持情况，对应的就是选题的研究意义。研究意义主要有理论层面、技术层面和应用层面，其中理论层面是在理论上的突破，表现为科学上的新发现和新创造，技术层面是论文提出的新手段、新方法，应用层面是论文解决的实际问题，有哪些社会作用、经济作用或军事作用等。

要结合实验室已有的工作基础和实验条件开展学位论文的研究，毕竟时间有限，开展一个全新的、无基础的研究方向或领域并不现实。同时，研究的问题要具体到问题上，在开题时做到已有或者已经明确研究方法和研究方案。此外，论文的标题要合适，切勿过大、过小、过难。

10.3.2　论文的可行性论证

着手开展论文研究工作时，要对论文的研究本身进行可行性论证，其中包括研究方案的可行性和工作量的可行性分析。研究方案包括研究方法、技术路线、实验手段、关键技术等，论证其是否具有科学性、研究性、实践性，逻辑是否通畅，步骤是否可行。需要充分与导师沟通，了解导师所在的研究领域、实验室可以为论文顺利开展提供的软硬件条件。

论文是研究成果的集中体现。航天工程大学对于学位论文的评阅标准如下。

航天工程大学博士学位论文评阅标准：

（1）反映作者在本门学科上掌握了坚实宽广的基础理论和系统深入的专门知识。

（2）体现作者熟练掌握本研究方向的科学研究方法和实验技能，并具有独立从事科学研究工作的能力。

（3）具有较大的理论意义或应用价值。

（4）在科学或专门技术上取得了创造性成果。

航天工程大学硕士学位论文评阅标准：

（1）研究成果有理论意义和应用价值，了解国内外研究现状及发展动态。

（2）论文有新的见解，基本观点正确，论据充分，数据可靠。

（3）作者掌握了本学科相关基础理论、专门知识、科学研究方法、实验技能和具有独立进行科研或担负工程技术工作的能力。

（4）具有一定的写作能力和端正的学术作风。

由此可见，博士学位论文重点突出创新性，硕士论文在有新的见解的基础上突出工作量的饱满。在着手开始做论文之前，需要对论文的工作量进行全面评估：完成论文的全部研究内容需要的时间，能否在规定的时间内顺利提交论文，论文能否取得预期的研究成果。

10.3.3 与导师的沟通技巧

在与导师的沟通中，提出两点建议：

（1）定期向导师汇报工作进展。一般论文开展阶段，1~2个月要向导师进行汇报，汇报形式可以是PPT形式，但一定要准备文档材料，并提交给导师，这样既可以作为以后论文撰写的素材，也利于导师较好地掌握研究进展。

（2）重要时间节点的沟通。在选题阶段和研究方案确定阶段，及时与导师沟通，并及时反馈自己在文献调研和方案论证中遇到的问题，明确了研究方向及手段和方法后，可以避免走弯路。

10.4 学位论文撰写方法

10.4.1 学位论文提纲撰写

学位论文是科技论文的一种形式，与发表在期刊上的学术论文有相通之处，均包含引言、方法、结果和讨论，但是学位论文更为全面、具体，是攻读学位期间工作的总结，学位论文可以包含多篇已经发表的论文的组合。学位论文的撰写贯穿于整个攻读学位期间，是一个艰辛的过程，就如同登山一般（图10-4），没有捷径只能扎扎实实地走好每一步。

图 10-4　学位论文的撰写过程如同登山一般

　　撰写学位论文第一步就是要拟定提纲，规划好哪个部分写什么，前后文的衔接关系是什么，使读者通过阅读论文，能够把握作者的研究思路。撰写提纲可以按照以下步骤：先拟标题；写出总论点；考虑全篇总的安排；逐个考虑每章的安排；准备使用的材料顺序；全面检查，做必要的增删。学位论文一般安排五六章内容，每章安排三四节，每章最后包含引言和章小结部分，从章节的目录反映主要研究内容。图 10-5 给出了一篇博士论文的目录。

目　录

摘　要	III
Abstract	V
目　录	VIII
第一章　绪论	1
1.1　基于蛋白质基生物材料的微纳器件与集成系统	1
1.1.1　蛋白质等生物大分子材料及其应用简介	1
1.1.2　基于蛋白质基生物材料的功能化微纳器件与集成系统及其优势	6
1.1.3　用于蛋白质基生物材料的微纳加工与成型技术	8
1.2　飞秒激光直写微加工技术在生物材料加工领域的应用	10
1.2.1　飞秒激光直写微纳加工技术简介	10
1.2.2　蛋白质基生物材料的飞秒激光直写加工技术	14
1.3　本论文的研究思路和主要工作	18
第二章　飞秒激光直写加工制备蛋白质基微透镜器件	20
2.1　可动态调焦的蛋白质水凝胶球面微透镜	20
2.1.1　可调焦球面微透镜简介	20
2.1.2　蛋白质水凝胶球面微透镜的飞秒激光直写制备	21
2.1.3　蛋白质水凝胶球面微透镜及其光学性能测试	27
2.1.4　蛋白质水凝胶球面微透镜的环境响应动态调焦性能	28
2.1.5　蛋白质微透镜的优良生物兼容性	32
2.2　可动态调焦的蛋白质基谱衍射浮雕微透镜	33
2.2.1　谱衍射浮雕微透镜简介	33
2.2.2　蛋白质基谱衍射浮雕微透镜的飞秒激光直写制造	34
2.2.3　蛋白质基谱衍射浮雕微透镜的光学特性	35
2.2.4　蛋白质基谱衍射浮雕微透镜的环境响应动态调焦	36
2.3　柔性蛋白质水凝胶衍射微透镜	39
2.3.1　引言	39
2.3.2　蛋白质水凝胶微波带片的设计与制备	39
2.3.3　蛋白质基微波带片的光学特性	41
2.3.4　蛋白质基微波带片的柔性特性	45
2.3.5　蛋白质基微器件的生物降解与稳定性	46
2.4　本章小结	47
第三章　功能化蛋白质基微纳光波导集成器件及应用研究	49
5.2.1　二维和三维纯丝素蛋白微器件的飞秒激光直写	96

```
                                         目 录                           Ⅸ
    5.2.2  丝素蛋白微纳器件的机械温度等特性 ......................... 100
  5.3  飞秒激光直写定制丝素蛋白/银复合微纳器件 ......................... 102
    5.3.1  金属银含量"多维"可调控的丝素蛋白/银复合微纳器件 ............. 103
    5.3.2  丝素蛋白/银复合微电极等微纳的结构与器件 ................... 108
  5.4  飞秒激光直写定制丝素蛋白/金复合微纳器件 ......................... 110
    5.4.1  丝素蛋白/金复合微纳器件的飞秒激光直写制备 ................... 110
    5.4.2  丝素蛋白/金复合微纳器件中金的含量调控 ..................... 112
  5.5  多种以丝素蛋白为核心模板材料的微纳器件的特性表征与讨论 ............. 112
    5.5.1  ATR-FTIR 表征 ................................... 112
    5.5.2  荧光特性 ........................................ 114
    5.5.3  丝素蛋白飞秒激光直写微纳加工的可能机理 ..................... 115
  5.6  本章小结 ............................................... 117
第六章  结论 .................................................. 119
参考文献 ..................................................... 121
作者简介及科研成果 ............................................ 133
致谢 ......................................................... 135
```

图 10-5 第二届光学工程学科优秀博士论文——孙允陆博士论文目录[1]

10.4.2 学位论文摘要的撰写

学位论文的摘要是全文的缩影，不阅读全文即可以了解论文作者的研究工作。摘要包含研究目标、研究方法、主要研究成果（创新点）和结论、研究意义。

摘要重点阐述论文中的作者的新观点，不需要叙述本学科已有的常识性内容。同时，摘要应具有独立性，不能包含图表、公式、参考文献等。叙述过程采用第三人称叙述，如"对……进行了研究""针对……问题，开展了……理论/方法/实验研究""进行了……调查"等。

摘要中需要使用标准的专业术语，若后文出现缩略词，需要在第一次出现时给出缩略词的英文全称和中文名称。英文摘要的内容需要与中文摘要内容对应，但避免逐句翻译，需要按照英文科技论文的写作习惯重新组织语句。通过阅读大量的文献，仿写相关的句子结构，可以有效提高英文写作水平。

10.4.3 学位论文正文的撰写

1. 绪论

撰写学位论文时，绪论的撰写尤为关键，绪论部分需要对前人的工作进行全面系统的梳理，从中可以反映出作者对该学科或该研究领域现状的掌握程度，同时，绪论并不是简单的文献罗列，更重要的是引出作者对研究现状的分析和思考，提出需要解决的问题，而解决问题的方法和途径就是整篇论文的主体部分，学位论文正是从绪论出发自然而然地展开。

绪论主要介绍论文的研究背景及意义、国内外研究现状、研究现状分析、论文主要研究内容及方案（设计路线）。研究背景一般交代论文的选题背景，若有课题支持可以写出课题来源，研究背景是问题提出的过程，全文应紧扣题目中的研究问题。研究意义可以从理论、技术和应用方面去展开。下面给出一篇博士论文[2]中撰写的研究意义，以供参考。

本文针对燃烧流场气体（H_2O）温度和浓度分布的非均匀特性，以TDLAS技术为手段，采用理论分析、数值仿真和实验测量相结合的方法，分别研究非均匀流场一维分布、二维分布的测量方法，以及基于代数迭代算法的二维重建光线分布优化方法，研究工作主要具有以下三个方面意义：

（一）理论层面：分析非均匀流场多个因素对激光吸收光谱测量结果的影响，研究二维重建过程中投影角度、光线数目和光线布局对二维重建结果的影响规律，从理论上推导光线分布的等价形式，为基于TDLAS的非均匀流场测量实验的开展奠定理论基础。

（二）技术层面：建立一套针对流场一维、二维非均匀分布的测量方法，提出虚拟光线方法，解决投影光线数目少，重建结果质量差的问题；提出平行光束、扇形光束和非规则光线分布的优化方法，以提高流场诊断水平、降低实验成本。

（三）应用层面：针对燃烧流场建立气体温度/组分浓度非均匀分布的实验测量系统，实现对流场温度/浓度二维分布的测量。该系统不仅可以用于发动机燃烧室内流场监测，还可应用于燃煤锅炉的燃烧优化控制和其他工业污染物监测等领域。建立的测量系统为流场诊断提供一种新的实验平台，以实现节约能耗和提高燃烧效率的目的。

国内外研究现状能全面、系统地反映国内外某一学科、某一专业或某一研究专题（这里特别说明需要与论文研究主题相关内容）在某一时期内的历史发展、当前状况和发展趋势。脉络清晰、有内在逻辑关系的发展概况。这里需要注意几点：

（1）现状分析时必须忠实原文，不能歪曲作者的学术观点，对于引用的数据、图片需要标明出处。

（2）收集的文献资料应尽可能齐全，并且按照一定逻辑（研究时间、内容、机构）等进行归纳。

（3）必须包含最近新发表的文献资料，研究生在导师给定题目后会进行一次系统的文献收集，在论文研究阶段建议大家每三个月对文献进行一次更新，可以及时掌握研究动态。大家可以根据自己的研究领域在期刊上订阅邮件推送服务，及时阅读到与自己研究主题相关的最新发表的文章，也可以在 ResearchGate 上关注相关领域活跃的研究者，网站会推送研究者新成果、其他人对文章的评论等。

2. 研究内容

学位论文研究内容是学位论文的核心组成部分。在内容撰写方面需要注意以下几点：

（1）撰写自己的结果和观点，按照研究计划循序渐进展开叙述，和论文主题相关并能烘托、说明、突出主题的材料（结果）留下，和主题无关或者关系不大的（结果）要写得省略些、简单些，防止论文主次不清晰。

（2）若要展示其他人的结果，则需要着重讨论其结果与自己结果的关系，在引用他人研究结论时要以参考文献的形式标记出处。

（3）学位不同于在期刊上发表的学术论文，要有一定的篇幅，需要将复杂的学术问题用简明的语言叙述清楚，对论文有支撑作用的公式要详细列出或者给出推导过程，目的是让读者能够看懂。

学位论文各章节应做到逻辑清晰，撰写顺序不一定是研究工作的时间顺序，但各章节前后之间要有严格的逻辑关系。对于同一层次的标题能够准确反映本层次的内容，同一层次间是否列标题需要前后一致，不能有的内容列，有的不列，此外标题的题目不宜过长，以短语或者动名词短语为宜。图 10-6 给出了一篇博士论文其中一章研究内容的目录，仅供参考。

论文中的插图和表格是实验数据、观测结果、科学思想的形象化语言，是对文字论述的必要补充。图表可以形象地表达、说明和论证正文所叙述的问题，起着文字叙述难以表达的作用，如图 10-7 和图 10-8 所示，较为复杂的研究过程或者合成路线可借助流程予以说明，如图 10-9 所示。论文中的系统图、原理图等尽量使用自己绘制的图表。文字和图表一定要保持一致，不能出现图文不符的错误。

第5章 非均匀流场二维重建的代数迭代方法研究 76
5.1 代数迭代算法基本原理 76
5.1.1 离散模型 76
5.1.2 代数迭代计算方法 78
5.2 重建方法的影响因素分析 79
5.2.1 光束旋转角度对重建结果的影响 80
5.2.2 光线数目对重建结果的影响 80
5.3 虚拟光线方法 85
5.3.1 虚拟光线方法的思想 85
5.3.2 非中心对称 Gauss 分布流场重建 86
5.3.3 双 Gauss 非对称分布流场重建结果与分析 86
5.4 虚拟光线方法的实验验证 91
5.4.1 实验系统设计与搭建 91
5.4.2 实验数据的谱线拟合 92
5.4.3 温度场和浓度场重建结果与分析 93
5.5 小 结 97

图 10-6 宋俊玲博士论文[2]某章目录

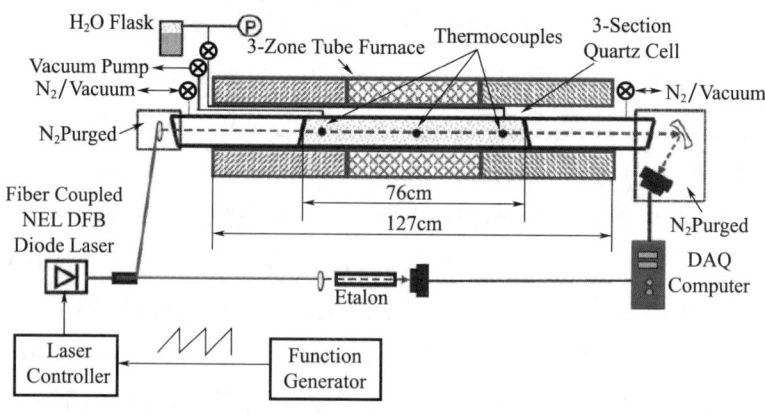

图 10-7 斯坦福大学 Leyen S Change 博士论文[3]中的装置图

表 2-4 DFB 激光器与 ECDL 激光器参数的对比

测量对象及其使用波长/nm	连续电流调谐波长范围/nm	激光器类型	生产厂商	能量/mW	线宽/MHz
NH_3, 1527	0.2	DFB	Intune	8	15
CO_2, 1580	6	VCSEL	Vertilas	<1.3	30
CH_4, 1650	0.2	DFB	Nel	>10	2
NH_3, CO, HI, H_2S, 1520~1570	50	ECDL	New Focus	>15	0.3
O_2, 760	0.2	DFB	Eagleyard	>10	<10
CO, 2330	0.2	DFB	Nanoplus	3	5

图 10-8 浙江大学李宁博士论文[4]中的表格

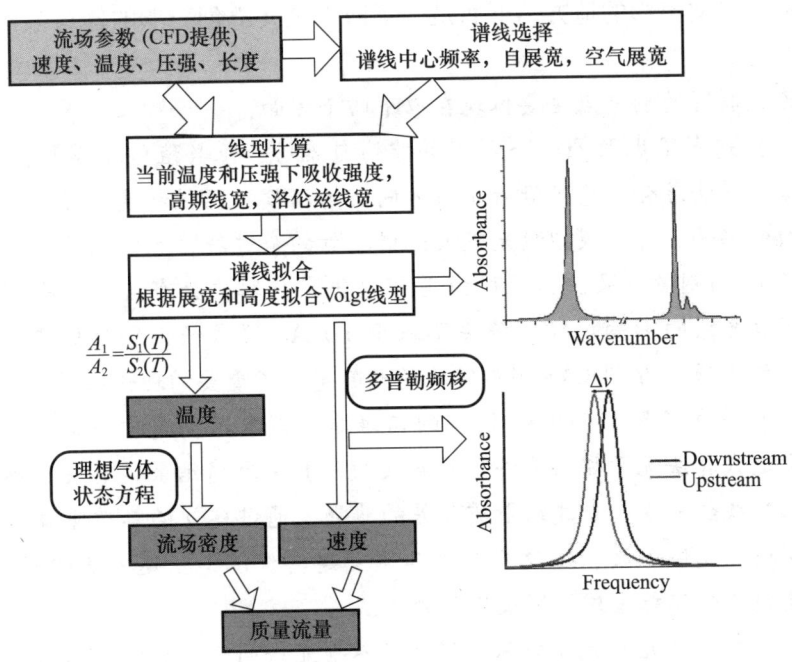

图10-9　航天工程大学宋俊玲博士论文[2]中的流程图

3. 结论[5]

结论是对论文主要研究结果、论点的提炼与概括，反映了研究的主要成果，体现了论文的研究水平和工作量。

结论应准确、完整、明确和精练，避免出现虎头蛇尾的情况。结论一般包含三个部分。

（1）概述论文的工作。论文研究中所揭示的原理、规律，所说明和解决的理论与实际问题，可以罗列论文中关键的数据、指标、关键步骤等。

（2）论文的主要成果与创新点。高度凝练论文研究工作的创新之处，获得研究成果的理论意义与实际价值。

（3）论文的不足之处与展望。研究的局限性、遗留未予解决或尚待解决的问题，解决这些问题可能的关键点、方向及基本思路；进一步研究的建议和意见。

结论部分是对研究结果更深入的认识，与论文的引言部分内容相互对应，是经过论文研究得到的新的、总的观点。结论中避免出现未经证明的见解、设想、推测和假定等，如"可能是""好像"等字眼。结论写得好可以成为论文出彩的地方。下面是一篇博士论文[3]创新点的撰写范例，供读者参考。

论文取得的创新点主要体现在以下四个方面：

（1）建立了基于 TDLAS 技术的非均匀流场一维数值仿真模型和算法。该模型和算法综合考虑了沿着光路方向流场温度、压强和速度等因素对吸收谱线的影响，可以模拟激光吸收光谱测量的全过程，可以用于预测和分析 TDLAS 的测量结果，利用该模型可以研究非均匀分布流场多个因素对激光吸收光谱的影响规律，解决了基于 TDLAS 技术预测和分析非均匀流场参数的难题，为 TDLAS 测量实验的开展奠定了重要的理论基础。

（2）建立了基于 TDLAS 技术的二维非均匀流场重建方法。改进的修正代数迭代算法优于相同条件下滤波反投影算法重建结果，解决了燃烧流场投影光线数目少、重建结果质量差的难题。通过建立的二维重建实验系统，实现了气体温度、组分浓度的二维重建，验证了重建方法的正确性，为非均匀流场二维重建研究提供了新方法。

（3）提出了虚拟光线方法，发现了入射光线间距与离散网格大小的最佳比例范围。利用虚拟光线方法，有效减少实际投影光线数目，实现被测流场的精细刻画。发现了入射光线间距与离散网格大小的最佳比例范围，揭示了投影光线、离散网格大小对重建结果的影响规律，可以提高重建结果质量，为气体二维重建实验研究提供了新的技术手段。

（4）提出了二维流场重建的光线分布优化方法。推导了光线分布的等价形式，提出了流场二维重建的光线分布优化方法，解决了二维重建中投影光线利用效率低的问题，为基于 TDLAS 技术的非均匀流场参数测量的工程实现提供了技术支撑。

10.4.4　学位论文的附件撰写

学位论文的附件部分包括参考文献、作者简介和研究成果、附录、致谢和学位论文数据集。

参考文献要按照参考文献的格式要求，罗列全文引用的文献，文献的著录项目应齐全。从参考文献的引用可以反映作者对自己研究领域的了解，同时也是对文献作者的尊重。论文涉及的参考文献一定是自己阅读过的，切勿引用二手或者三手的文献，具体撰写规则详见本书第 8 章内容。

作者简介是对自己基本情况和从大学本科以来的学术经历介绍，研究成果主要罗列与论文研究相关的研究成果,包括专著、学术论文、专利、软件著作权等。

致谢一般单独成段或独立作为一部分,位于毕业论文的最后,用来对自己求学路上提供帮助的老师、同学、亲人表达感谢,也是自己研究生学习生活的真情实感。下面是中国科学院博士黄国平的博士论文[6]致谢部分。

我走了很远的路,吃了很多的苦,才将这份博士学位论文送到你的面前。二十二载求学路,一路风雨泥泞,许多不容易。如梦一场,仿佛昨天一家人才团聚过。

出生在一个小山坳里,母亲在我十二岁时离家。父亲在家的日子不多,即便在我病得不能自己去医院的时候,也仅是留下勉强够治病的钱后又走了。我十七岁时,他因交通事故离世后,我哭得稀里糊涂,因为再得重病时没有谁来管我了。同年,和我住在一起的婆婆病故,真的无能为力。她照顾我十七年,下葬时却仅是一副薄薄的棺材。另一个家庭成员是老狗小花,为父亲和婆婆守过坟,后因我进城上高中而命不知何时何处所终。如兄长般的计算机启蒙老师邱浩没能看到我的大学录取通知书,对我照顾有加的师母也在不惑之年匆匆离开人世。每次回去看他们,这一座座坟茔都提示着生命的每一分钟都弥足珍贵。

人情冷暖,生离死别,固然让人痛苦与无奈,而贫穷则可能让人失去希望。家徒四壁,在煤油灯下写作业或者读书都是晚上最开心的事。如果下雨,保留节目就是用竹笋壳塞瓦缝防漏雨。高中之前的主要经济来源是夜里抓黄鳝、周末钓鱼、养小猪崽和出租水牛。那些年里,方圆十公里的水田和小河都被我用脚测量过无数次。被狗和蛇追,半夜落水,因蓄电瓶进水而摸黑逃回家中;学费没交,黄鳝却被父亲偷卖了,然后买了肉和酒,都是难以避免的事。

人后的苦尚且还能克服,人前的尊严却无比脆弱。上课的时候,因拖欠学费而经常被老师叫出教室约谈。雨天湿漉着上课,屁股后面说不定还有泥。夏天光着脚走在滚烫的路上。冬天穿着破旧衣服打着寒颤穿过那条长长的过道领作业本。这些都可能成为压垮骆驼的最后一根稻草。如果不是考试后常能从主席台领奖金,顺便能贴一墙奖状满足最后的虚荣心,我可能早已放弃。

身处命运的旋涡,耗尽心力去争取那些可能本就是稀松平常的东西,每次转折都显得那么的身不由己。幸运的是，命运到底还有一丝怜惜。进入高中后，学校免了全部学杂费，胡叔叔一家帮助解决了生活费。进入大学后，计算机终于成了我一生的事业与希望，胃溃疡和胃出血也终与我作别。

从家出发坐大巴需要两个半小时才能到县城，一直盼着走出大山。从炬光乡小学、大寅镇中学、仪陇县中学、绵阳市南山中学，到重庆的西南大学，再到中国科学院自动化所，我也记不清有多少次因为现实的压力而觉得自己快扛不下去了。这一路，信念很简单，把书念下去，然后走出去，不枉活一世。世事难料，未来注定还会面对更为复杂的局面。但因为有了这些点点滴滴，我已经有勇气和耐心面对任何困难和挑战。理想不伟大，只愿年过半百，归来仍是少年，希望还有机会重新认识这个世界，不辜负这一生吃过的苦。最后如果还能做出点让别人生活更美好的事，那这辈子就赚了。

10.4.5 用 Office 软件编辑学位论文的技巧

大部分学校对于学位论文的撰写都有严格的模板，在撰写时需要按照模板的字体大小、段落间距等撰写，图 10-10 给出了航天工程大学的学位论文的模板。

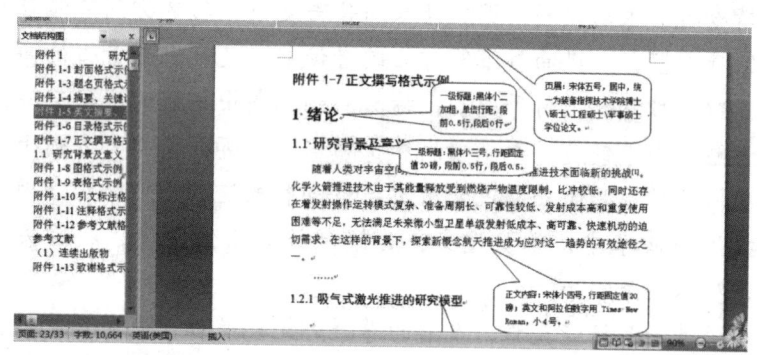

图 10-10 航天工程大学学位论文模板

在撰写论文时，根据模板设置好样式，在撰写过程中根据撰写的类型，选择合适的样式即可，这样可以减少后期排版的工作量和出错机会，同时，若需要对格式进行调整，只需要修改相关的样式即可。通过样式设置论文的不同级的标题、正文、图表等格式，如图 10-11 所示，有利于后续插入论文目录、图表目录等。

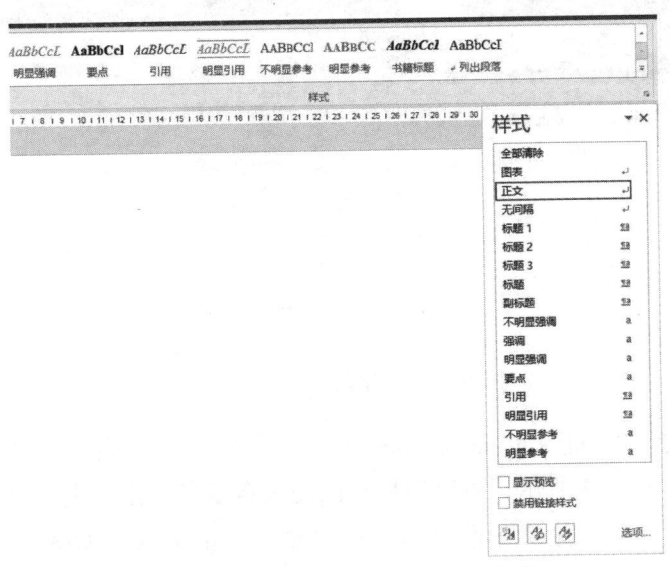

图 10-11　Word 中样式的设置

图表的编号可以通过 Word 中"题注"功能来实现,将图插入文档中后,如图 10-12 所示,在"引用"菜单中选择"插入题注",新建一个标签"图 9-",编号格式一般为阿拉伯数字,位置可选。

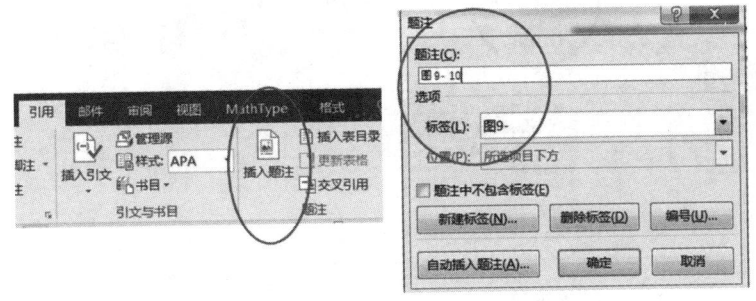

图 10-12　插入题注的方法示意图

根据论文内容的需求,可以通过插入分隔符的形式,将论文分成不同的小节,步骤是在"布局"中选择"分隔符",其中选择"分节符"中"下一页",如图 10-13 所示,即可从新的一页开始新的一节。在学位论文中摘要、目录和正文部分最好以新的一节的形式编写,这样方便后续的页码设置。

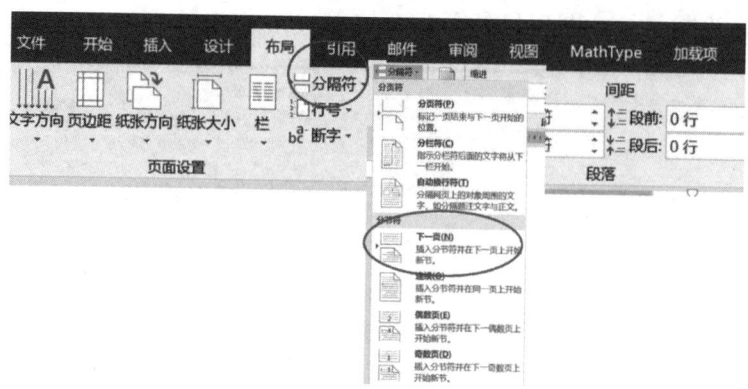

图 10-13 分隔符的使用示意图

学位论文中目录的插入方法是,在标题栏"引用"中,选择"目录",如图 10-14 所示,可以根据自己需求自定义目录,也可以使用 Word 推荐的模板,学位论文一般显示三级目录。当论文内容增减页码变化时,可以直接选中目录,单击右键选择"更新域"中的"只更新页码"或者"更新整个目录"。

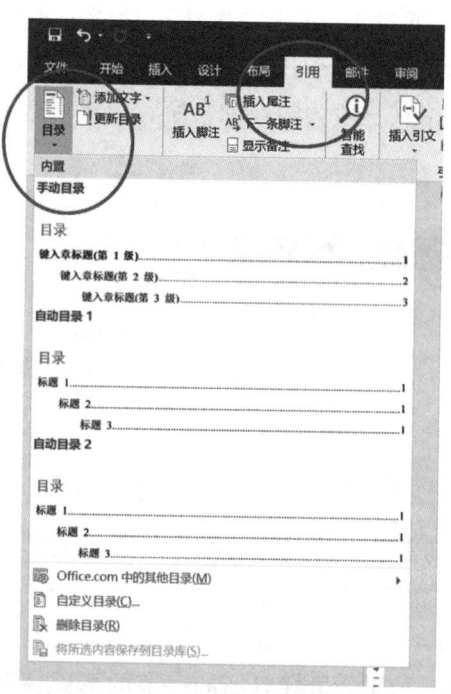

图 10-14 插入目录的方法示意图

参考文献的引用,可以选择文献管理工具如 EndNote 来插入,也可以使用 Word 中插入尾注的形式添加参考文献。插入尾注的方法是选择菜单栏中的"引用"中"插入尾注",位置选择"文档结尾",格式选择阿拉伯数字,编号"连续",如图 10-15 所示。当光标位置跳到文档结尾后,出现数字 1,就可以在后面添加需要的参考文献。当再次需要引用此文献时,可以选择菜单栏中"插入"中的"交叉引用",在引用类型中选择"尾注",引用内容为"尾注编号",选择需要引用的文献即可。

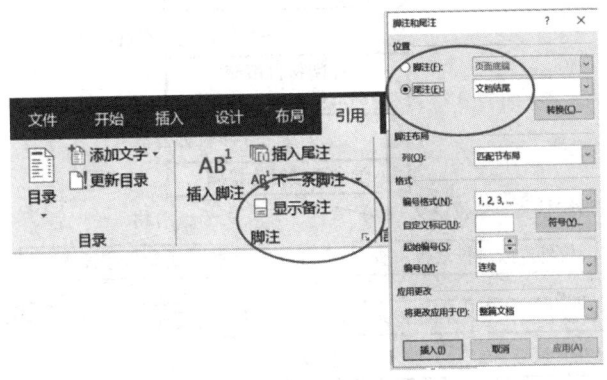

图 10-15　文献插入方法示意图

在插入参考文献时,会出现一个黑色的横线,此横线为尾注分隔符,需要在论文中删除,首先,在菜单栏中选择"视图",选择"大纲"模式,在菜单栏"引用"中选择"显示备注",如图 10-16 所示,这时在下方出现"尾注"中,选择"尾注分隔符"和"尾注延续分隔符"删除下面出现的短横线和长横线。

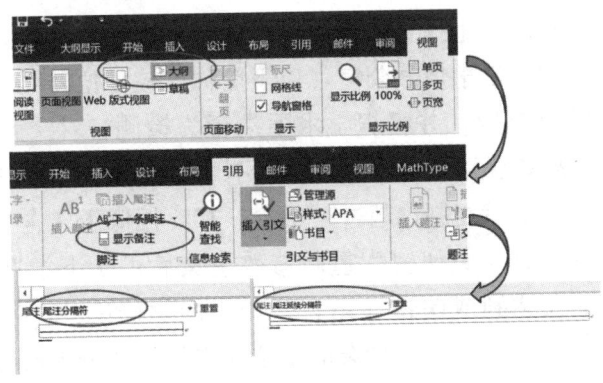

图 10-16　删除尾注分隔符

10.5 论文答辩及后期事宜

10.5.1 论文评阅程序

这里以航天工程大学博士研究生学位评定规定为例，说明论文评阅和答辩的流程，评阅程序如图10-17所示。

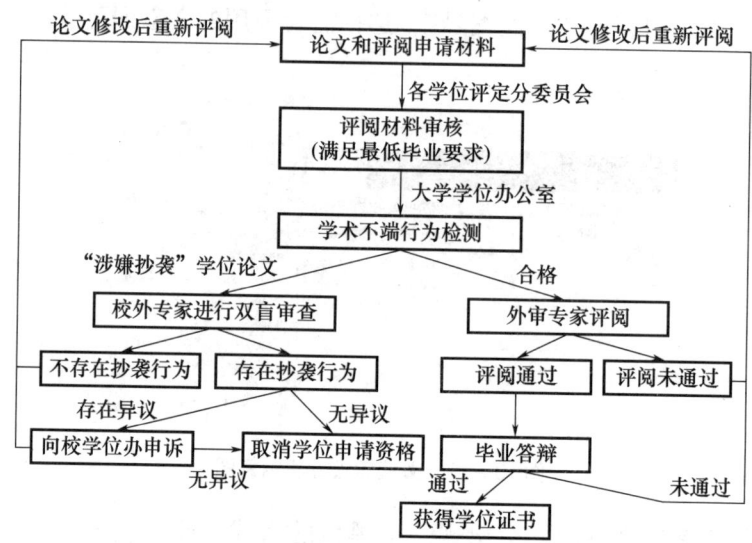

图10-17 博士论文评阅程序

博士研究生向各学位评定分委员会提交应送校外双盲评阅的论文和评阅意见书、《学位论文保密审查表》、《评阅申请表》、《预评阅意见书》等申请材料。

各分委员会对研究生提交的评阅材料进行审查后，将双盲评阅论文等材料报送航天工程大学学位办公室（以下简称"校学位办"）。

校学位办审查材料，并组织学术不端行为检测，对文献复制比（指"去除本人已发表文献复制比"，下同）不超过（含）10%的学位论文，组织评阅送审；对文献复制比超过（不含）10%但低于（含）15%的学位论文，不组织评阅送审，研究生重新修改论文后可于下学期重新申请评阅；对文献复制比达到或超过（不含）15%的学位论文，列为"涉嫌抄袭"学位论文。对列为"涉嫌抄袭的学位论文"由各分委员会组织3名校外专家进行双盲审查（附论文检测报告），如1名以上专家认定论文存在抄袭行为，则取消该研究生的学位申请资格，如 3 名专家均认定论文不存在抄袭行为，该研究生可在重新修改论文后于下学期重新申请评阅；对文献复制比超过 50% 的学位论文，直接取消论文作者的学位申请资格。

如研究生对分委员会审查结果有异议，可向校学位办申诉。校学位办与分委员会协商后组织审查，审查方式与结果处理同上。

对采取任何手段规避学术不端检测的，一经发现，取消论文作者学位申请资格，并按考试作弊进行相应处理。如研究生两次未通过学术不端检测，则取消该研究生的评阅申请资格。

10.5.2 论文答辩

目前，学位论文答辩多采用 PPT 进行口头汇报的形式，PPT 的汇报内容应该反映论文的思想，但由于答辩时间有限，PPT 绝对不是把论文的所有内容全部展示。PPT 中应当包含的要素有：论文题目、作者、导师、选题背景和意义、研究思路、方法及理论、研究内容、创新点、结论和以今后工作、取得的研究成果等。

博士研究生答辩时间不少于 120 分钟，其中汇报学位论文一般不少于 45 分钟，PPT 制作中应避免大量的文字，可以粘贴论文重要结论的图表，每页中字体和颜色不宜超过 3 种。

汇报过程中重点介绍自己的研究思路、解决方案和结论，避免长篇介绍国内外研究现状、已有的基础理论。论文的工作可能有很多方面，在汇报时，需要在有限的时间内汇报论文的主要研究内容和创新点。

论文答辩汇报主要内容：

(1) 课题研究背景及意义；

(2) 研究现状和发展动态；

(3) 研究的主要内容及主要创新点（重点汇报、有所取舍）；

(4) 研究的思路、理论及方法（重点汇报、有所取舍）；

(5) 研究结论及今后工作。

汇报过程中语速不宜过快，有详有略地讲解，同时，避免全文照读 PPT 或者讲稿，最好能做到与答辩委员有眼神交流。控制好时间，切勿超时。

答辩专家常问的问题可以概括为：

(1) 论文的创新性体现在什么地方？

(2) 论文的数据来源是什么？如何获取？

(3) 论文为什么选这个题目？理论支撑是什么？

(4) 论文的研究方法/目的/意义是什么？

(5) 你对××理论/公式/概念的理解。

(6) 你论文中问卷/实验的设计思路是什么？

(7) 论文中你的主要工作是什么？

10.5.3 学位论文的修改

撰写学位论文不是一朝一夕可以完成的，论文写完后需要不断地修改完善，在提交盲审（外审）前至少要修改10遍甚至更多；答辩前，需要根据盲审（外审）专家的意见对论文二次修改；答辩后，根据答辩委员会的意见，需要对论文进行三次修改。

在论文修改时，可以循序渐进，多通读论文，检查语句是否得当、是否有错别字、论文表述观点是否存有异议等，也可以找实验室同学相互检查。每次修改时，最好标注修改日期，重新保存新文档，每次修改和更新都在最新的文件上进行，也可以查找之前的版本。论文在撰写和修改过程中要及时地备份和保存。

撰写学位论文是一项艰苦又富有挑战的工作。

参考文献

[1] 孙允陆. 蛋白质微纳光子器件的飞秒激光直写与特性研究 [D]. 长春：吉林大学, 2015.

[2] 宋俊玲. 基于激光吸收光谱的非均匀流场参数测量方法研究 [D]. 北京：航天工程大学, 2014.

[3] Chang L S. Development of a diode laser sensor for measurement of mass flux in supersonic flow [D]. Stanford University, 2011.

[4] 李宁. 基于可调谐激光吸收光谱技术的气体在线检测及二维分布重建研究 [D]. 杭州：浙江大学, 2009.

[5] 穆献中, 孔丽, 孙喆人. 研究生培养和学术指导教程 [M]. 北京：经济管理出版社, 2019.

[6] 黄国平. 人机交互式机器翻译方法研究与实现 [D]. 北京：中国科学院大学, 2017.

第11章　学术道德与学术规范

科学的价值和使命在于追求真理、造福人类。"千里之行，始于足下。"青年科技工作者只有从学术生涯起步的第一天就扎根学术道德的大地、扎根学风优良的土壤，恪守科学道德和优良的基本规范，学术人生才能沿着正确的方向发展。

11.1　学术道德与学术规范的含义[1]

学术道德是学术共同体在长期的科学研究活动实验中逐步形成，必须共同遵守的道德规范和行为准则。道德规范源于人们的道德生活和社会实践，科学研究是创造性的人类活动，只有建立在严格的道德标准之上，在一个诚实守信的科学环境中才能健康持续地发展。

学术道德是科学研究的立身之本。科学研究活动的负责行为必须依靠一系列的道德准则来维系。比如，求真务实是学术研究最基本的道德要求，学术研究必须建立在真实性的基础上，要求研究者必须如实、准确地按照客观事物的本来面目去揭示其本质和规律，把求真务实、诚实守信作为基本的科学道德品质，而且学术共同体把追求真理、造福人类作为共同的价值追求。

学术规范是指学术共同体内形成的进行学术活动的基本规范，或者根据学术发展规律制定的有关学术活动的基本准则。它涉及学术研究的全过程、学术活动的各方面，主要概括为两个层面：一是学术研究中的具体规则，如文献的合力使用规则、引证标注规则、立论阐述的逻辑规则；二是高层次的规范，如学术制度规范、学风规范等。

学术规范多半针对的是研究者的个人学术行为，对研究者的行为取向发挥着引导和修正的作用，即引导研究者形成一整套规范的学术行为。比如，如未能遵循学术成果发表规范（如文献索引、引证出处、参考数目等），其学术成果就会被期刊或出版社拒绝，失去成果发表、出版的机会。学术规范正是通过对已形成的错误的或者不规范的学术行为及时修正和改进，从而使学术活动制度化、学术研究标准化和专业化，同时也有助于解决学风建设问题，规范和纠正学术活动中各种不良行为。

学术道德所针对的不仅仅是研究者的个人行为，由于道德是一种社会意识，具有一定的社会指向性，因而学术道德会广泛地影响学术群体。违反学术道德会对他人乃至社会造成一定危害，称为"不端行为"。比如，一稿多投、抄袭、剽窃、篡改实验数据等，均可能损害他人利益甚至侵犯他人著作权与署名权。

11.2 学术道德基本准则

学术道德基本准则是在长期的科学研究中形成的，指导学术科研者处理个人与个人、个人与集体、个人与社会之间相互关系的行为准则。学术道德包含6项基本原则：诚信、公开、公正、尊重、责任、严谨。

1. 诚信准则

科学研究建立在诚实守信的基础上，诚信是保障知识可靠性的前提条件和基础。科技工作者在项目设计、数据资料采集分析、科研成果公布、求职、评审等环节秉持实事求是的原则，对研究成果中的错误和失误，应当及时以适当的方式予以公开和承认。

2. 公开准则

科技工作者在基础研究（纯科学研究）中一旦取得成果，应该立即公布，让全人类共享，避免科学研究中的重复劳动，促进知识的迅速发展。需要注意一点，这里的"公开"不能涉及国家和军队秘密。

3. 公正准则

科技工作者在同行评议中要力求公正，在评价别人成果时一视同仁，种族、民族、性别、年龄、社会地位等因素均不能作为评价标准，应该用科学理论的评价标准去检测，对待他人的科研成果要有合理的批判精神，不能盲从。

【案例】布朗洛和N射线闹剧[4]

继伦琴发现X射线后，1903年，法国科学院院士、物理学家布朗洛宣布他发现了N射线。法国科学院公布了这一"惊人发现"之后，兴起了一股研究N射线热潮，仅法国科学院院刊在1904年上半年就发表了54篇有关N射线的论文，这些论文煞有介事地介绍N射线可以穿透纸、木头、薄铁、石英等光线穿不透的物质，还有论文指出人的肌肉、神经和脑也可以发出 N 射线。

按照布朗洛所提供的实验，没有一个科学家能发现 N 射线。英国物理学家伍德为了弄清真相，亲自跑到法国，请布朗洛为他当面做实验。伍德就像"皇帝新衣"里的孩子，直言不讳地讲他看不见 N 射线，并在《自然》杂志上发表了他的观点。

在伍德的建议下，《科学评论》编辑部设计了一个实验：在两个同样的木盒中，一个装有发射 N 射线的回火钢片，一个装有不会发射 N 射线的铅片。两盒外观一样，完全封闭。他们让布朗洛判断哪一个盒子会发射 N 射线。结果这难住了布朗洛，因为他根本不曾观测到 N 射线，所谓的发现 N 射线不过是他的想象而已。

4. 尊重准则

科技工作者要尊重他人的知识产权，通过引证承认和尊重他人的研究成果和优先权；尊重他人对自己科研假说的证实和辩驳，对他人的质疑采取开诚布公和不偏不倚的态度。

5. 责任准则

责任是指科技工作者具有强烈的历史使命感和社会责任感，将科学研究与满足国家和社会需求结合起来，时常表现为科学报国；遵守人类社会和生态的基本伦理，珍惜与尊重自然和生命。

【案例】基因编辑婴儿事件[5]

2018 年，一篇名为《世界首例免疫艾滋病的基因编辑婴儿在中国诞生》，在国内掀起轩然大波，中国深圳的科学家贺建奎宣布，一对名为露露和娜娜的基因编辑婴儿于 11 月在中国健康诞生。"这对双胞胎的一个基因经过修改，使她们出生后即能天然抵抗艾滋病。这是世界首例免疫艾滋病的基因编辑婴儿，也意味着中国在基因编辑技术用于疾病预防领域实现历史性突破。"报道称。基因编辑手术比起常规试管婴儿多一个步骤，即在受精卵时期，把 Cas9 蛋白和特定的引导序列，用 5 微米、约头发二十分之一细的针注射到还处于单细胞的受精卵里。他的团队采用"CRISPR/Cas9"基因编辑技术，这种技术能够精确定位并修改基因，也被称为"基因手术刀"。

经过编辑的孩子就会有一些先天的优势，注定优秀，造成了与生俱来的不平等，无异于人为地强调和放大了人种优势和种族歧视。当出现不可逾越的基因鸿沟，社会阶级固化，人就会变得消极，对整个社会的发展是极为不利的。在法律不允许、伦理不支持、风险不可控的情况下，采取欺骗、造假手段，恶意逃避国家主管部门监管，多次将基因编辑技术应用于辅助生殖医疗，造成多名基因被编辑的婴儿出生，严重扰乱了医疗管理秩序，应属情节严重。若予放任，甚至引起效仿，将对人类基因安全带来不可预测的风险。

最终事件中的贺建奎被判处有期徒刑三年，并处罚金人民币三百万元；张仁礼被判处有期徒刑二年，并处罚金人民币一百万元；覃金洲被判处有期徒刑一年六个月，缓刑二年，并处罚金人民币五十万元。

6. 严谨准则

科技工作者细心地设计与进行实验，准确无误地记录和报告实验结果；用事实说话，避免不恰当的偏见；科学论证和理论推导应具有逻辑性和科学性，追求卓越，精益求精。

11.3 学术道德与学术规范的相关规定

2016年4月5日经教育部审议通过《高等学校预防与处理学术不端行为办法》，2016年9月1日起实施。其中，条例中明确了学术不端行为的主体和范围："指高等学校及其教学科研人员、管理人员和学生，在科学研究及相关活动中发生的违反公认的学术准则、违背学术诚信的行为。"坚持的原则是"预防为主、教育与惩戒结合"。条例第二十九条也给出了针对学术不端行为相关的惩戒措施。

第二十九条 高等学校应当根据学术委员会的认定结论和处理建议，结合行为性质和情节轻重，依职权和规定程序对学术不端行为责任人作出如下处理：

（一）通报批评；

（二）终止或者撤销相关的科研项目，并在一定期限内取消申请资格；

（三）撤销学术奖励或者荣誉称号；

（四）辞退或解聘；

（五）法律、法规及规章规定的其他处理措施。

同时，可以依照有关规定，给予警告、记过、降低岗位等级或者撤职、开除等处分。

11.4 学术不端行为包括哪些方面

学术不当行为主要包括数据使用不当、违反科学规则、不当的同行关系、不当的师生关系、基于产出压力的不当科研。学术不端行为主要包括杜撰、篡改和剽窃行为，如图 11-1 所示。

图 11-1 反映学术不端的漫画

《高等学校预防与处理学术不端行为办法》第二十七条给出的学术不端行为包括以下七个方面：

（一）剽窃、抄袭、侵占他人学术成果；

（二）篡改他人研究成果；

（三）伪造科研数据、资料、文献、注释，或者捏造事实、编造虚假研究成果；

（四）未参加研究或创作而在研究成果、学术论文上署名，未经他人许可而不当使用他人署名，虚构合作者共同署名，或者多人共同完成研究而在成果中未注明他人工作、贡献；

（五）在申报课题、成果、奖励和职务评审评定、申请学位等过程中提供虚假学术信息；

（六）买卖论文、由他人代写或者为他人代写论文；

（七）其他根据高等学校或者有关学术组织、相关科研管理机构制定的规则，属于学术不端的行为。

杜撰：一般是指按照某种科学假说和理论演绎出的期望值伪造虚假的观察与实验结果，从而支持理论的正确性或者确认实验结果的正确性。按照个人意愿无中生有、捏造事实。

【案例】韩国克隆之父黄禹锡造假风波[6]

黄禹锡出身一个农村的贫苦家庭，5 岁丧父，靠母亲养牛为生供应他读书。他自幼即怀有"成为牛的最高权威"的雄心大志，刻苦攻读，后考入首尔大学兽医系，开始踏上成功之路。1993 年培育出韩国第一头试管牛；1999年培育出韩国第一头克隆牛；2003年培育出抗疯牛病的克隆牛；2005年培育出世界上第一只克隆狗。在实现了"牛的最高权威"的抱负之后，黄禹锡乘胜而上，开始向人类干细胞这一陌生的新的领域进军，并又一次取得辉煌的业绩。2004年，他在《科学》杂志上发表论文，宣称在世界上首次由人的卵细胞培育出胚胎干细胞。在此以前，美国学者由体外受精产生的人类胚胎干细胞已经成功，黄禹锡采取了不同的技术路线，直接由女性体内采集卵细胞，去掉卵核后，将体细胞核植入卵细胞，使之发育成胚胎，再由后者分离干细胞系。这项技术成就使他成为同年《时代》杂志的封面人物而为世人瞩目，但同时也开始被《自然》杂志质疑涉及伦理问题。仅仅过了一年，他的研究集体又在2005年的《科学》杂志上发表了更为轰动的论文，声称已用患者体细胞核取代卵核，克隆出在治疗上具有重大应用潜力的胚胎干细胞。同年，韩国政府为表彰黄禹锡的功勋，授予他"最高科学家"称号。在韩国国内受到万民敬仰："民族英雄""克隆之父""科技明星"等桂冠加诸头上。

  2005年11月12日，在《科学》论文上与黄禹锡共同署名的美国匹兹堡大学教授夏腾，指控黄禹锡获取卵子的行为有违伦理，并宣布与他断绝合作关系。11月21日，黄禹锡的另一名合作者，米兹梅迪医院专家卢圣一，声称为黄禹锡提供的卵子是付费获得的。11月22日，MBC电视台向公众披露了这一信息，引起了全国的关注。11月24日，黄禹锡本人也承认研究用的卵子一部分来自付费捐赠，另一部分来自本课题的女性研究人员。以上两点均违反了1964年有关伦理道德的《赫尔辛基宣言》。该宣言规定：从事医学研究必须尊重对人的生命、健康及权利的保护这一道德准则，特别指出被试人员不得被强迫参加（具有上下级关系者有可能涉嫌变相强迫），也不得以利益交换。黄禹锡用于干细胞研究的卵子来源显然违反了国际公认的医学伦理道德准则。

  对黄禹锡更为致命的一击是质疑其研究成果的真伪。2005年12月12日，夏腾致信《科学》杂志，质疑黄禹锡的论文数据与图表的可靠性，并要求撤销自己在该论文作者名单中的名字。黄禹锡被迫承认图表有问题并向全国道歉，但否认伪造数据。12月16日，《科学》杂志声明正式撤销该论文，并将采取措施确保该论文永远从学术记录中消失。12月23日，首尔大学成立的专门调查委员会确认，黄禹锡培育的11个干细胞系中至少9个为伪造；29日又宣布另外两个干细胞系亦为伪造。至此，黄禹锡所谓为患者量身定制的胚胎干细胞纯系捏造。黄禹锡被迫辞去首尔大学教授一职，但又辩称其干细胞是被人掉了包。调查委员会的全面调查结果于2006年1月10日正式公布，证明黄禹锡研究小组2004年与2005年发表在《科学》杂志上的两篇论文，均属造假。

篡改：在科研过程中，用伪造的手段按自己的期望随意改动、任意取舍数据或试验，使得符合自己的研究结论，支持自己的论点。篡改或者拼凑数据。

【案例】国家自然基金委《关于对宋波、李连宏、张俊、杜钺发表的论文存在伪造、篡改图片等问题并在项目结题报告中存在虚假信息处理结果的通报》[7]

国家自然科学基金委员会监督委员会对大连医科大学宋波、李连宏、张俊、杜钺等发表的8篇论文涉嫌学术不端开展了调查，发现其发表的8篇论文存在伪造、篡改图片的问题，依照《国家自然科学基金项目科研不端行为调查处理办法》，追回已拨项目资金，取消宋波等国家自然科学基金项目申请和参与申请资格3年，并给予宋波等通报批评。

剽窃：是指将他人的科研成果或者论文全部或者部分原样照抄，并以自己的名义发表的欺诈行为。不仅包括他人的作品字句、内容的直接使用，也包括将他人学术论著的思想、观点、结构、体系等元素作为自己的论著的基本元素加以使用并发表的行为，还包括代写论文。

【案例】天津大学、厦门大学"两硕士论文雷同"事件[8-9]

天津大学2018年6月毕业的刘某某与厦门大学2018年毕业的林某的硕士论文题目相同，均为《基于J2EE的环保管理系统的设计与实现》，由于两人在同一年毕业，而硕士论文上网公布需要好几个月甚至一年，所以不存在他们两人互相抄袭的问题，肯定是他们两人抄袭了同一个人或两人论文由同一人撰写。经调查发现，两人均存在由他人代写、买卖论文的学术作假的行为，天津大学和厦门大学分别对上述两名同学均做出了撤销其获得的硕士学位的决定。

11.5 学术诚信的技术保障

国内外高校和期刊使用学术论文检测系统对学生毕业论文、投稿论文进行甄别与检测，使用检测系统一方面可以有效抑制抄袭、剽窃等学术不端行为，提高学生和科研工作者的学术诚信意识，形成良好的学术诚信氛围；另一方面还可以通过检测结果有效指导科技工作者明确界定何种引用属于不规范引用范畴，提升科技工作者写作技巧与独立思考的基本技能。

国内使用的检测系统主要包括中国知网（CNKI）、维普论文、万方、turnitin 等。这些检测系统收集了世界范围大学与研究机构的海量学术成果资源，加上数据算法，完成文献标题、作者、内容、参考文献等一系列对比检测，给出评估结果。

CNKI 学术不端检测系统共 4 个模块，包括学位论文学术不端行为检测系统、大学生论文管理系统、科技期刊学术不端文献检测系统、社科期刊学术不端文献检测系统，采用其自主研发的自适应多阶（AMLFP）特征检测技术与系统中涵盖的期刊、博士硕士学位论文、会议论文、报纸、专利等学术数据和网页资源数据进行对比。当前算法已不是简单根据一两个词、字或者单独的句子进行判断，而是结合上下文内容，对文献中内容的原样抄袭、改写、语句顺序调整都能进行自动检测和识别，在检测报告中，不仅包括检测文献总的文字复制比例，还详细列出检测文献中每一段雷同文字的详细出处，并准确定位每一段文字的具体位置。

CNKI 学术不端检测系统有专门面向期刊编辑、学校学位论文管理人员的检测端口，还有针对个人服务的客户端。图 11-2 为利用 CNKI 学术不端检测系统进行检测的界面，图 11-3 是检测一篇科技论文的报告结果。将需要查重的论文提交到系统上，系统会提供 3 份报告，即报告单、全文对照和全文标明引文。通过全文对照，可以清楚地看到文中哪些文字与其他论文有文字重复或者含义类似现象，但这些并不能反应文章作者是否确实存在抄袭行为，有时候还需要人工复检。

图 11-2　CNKI 学术不端检测系统检测界面

第 11 章 学术道德与学术规范

(a) 个人查重报告单

(b) 全文对照表

图 11-3 CNKI 学术不端检测查重报告单

参考文献

[1] 复旦大学研究生院. 研究生学术道德与学术规范百问[M]. 上海：复旦大学出版社，2021.

[2] 论文投稿触犯"忌讳"，选择"三缄其口"？学术道德底线不能丢[EB/OL]. (2020-11-08)[2023-09-27]. https：//www.163.com/dy/article/FQT38I2P0525GBGL.html.

[3] 国家自然科学基金委2021年查处的不端行为案件处理决定（第三批次）[EB/OL]. (2020-11-08)[2023-09-27]. http：//kjt.fujian.gov.cn/ztzl/kycx/cxaj/202112/t20211203_5787303.htm.

[4] 从哈佛"心机"教授造假，看那些轰动一时的学术造假事件[EB/OL]. (2020-11-08)[2023-09-27]. https：//www.163.com/dy/article/DUGG669S051100CH.html.

[5] 基因编辑婴儿事件[EB/OL]. 百度百科[2023-09-27]. https：//baike.baidu.com/item/%E5%9F%BA%E5%9B%A0%E7%BC%96%E8%BE%91%E5%A9%B4%E5%84%BF%E4%BA%8B%E4%BB%B6/23176263?fr=ge_ala.

[6] 黄禹锡及汉芯造假事件[EB/OL]. 百度文库[2023-09-27]. https：//wenku.baidu.com/view/715e825903d8ce2f01662336.html?fr=hp_Database&_wkts_=1695805331393.

[7] 国家自然科学基金委2022年查处的不端行为案件处理结果通报（第三批次）[EB/OL]. (2023-01-04)[2023-09-27]. http：//kjt.fujian.gov.cn/ztzl/kycx/cxaj/202301/t20230104_6086494.htm.

[8] 天大、厦大两硕士同年论文高度雷同，厦大：若属实将处理[EB/OL]. 中国青年网(2020-07-08)[2023-09-27]. https：//baijiahao.baidu.com/s?id=167161250-9379192390&wfr=spider&for=pc.

[9] 天大厦大"两硕士论文雷同"通报来了[EB/OL]. 中国教育在线(2020-07-11)[2023-09-27]. https：//baijiahao.baidu.com/s?id=1671923029548373325&wfr=spider&for=pc.

第12章　科技专著的写作与出版

科技论文是科技工作者将自己在日常科研工作中的研究成果以文章形式公之于众。前文详细介绍了学位论文、学术论文等科技论文的写作，本章介绍科技专著的图书出版。

12.1　科技专著的基本概念

12.1.1　科技专著的定义

根据篇幅的大小，科技论文可以分为单篇科技论文、系列科技论文、科技专著三种。通常，单篇科技论文一般在5000字上下，超过4万字的科技论文，可以称为科技专著。在目前的图书市场上，科技专著的字数一般还要更多，通常在20万字上下。

出版科技专著比发表单篇科技论文更具学术价值。一部完整的科技专著，应该按照一定的格式书写，具有科学性、首创性和逻辑性，通过公开出版等形式正式发表并得到该领域学者的认可，才算有效地完成。

（1）科学性是科技专著在方法论上的特征。科技专著描述的不仅涉及科学和技术领域的命题，而更重要的是论述的内容必须可靠，应该根据足够的和可靠的实验数据或观察对象作为立论基础，绝不允许凭主观臆断和个人感情随意地取舍素材或给出结论。

（2）首创性是科技专著的灵魂，是区别于其他文献的关键所在。它要求文中所揭示的事物和现象的属性、特点及运动规律，或者这些规律的运用是前所未有的，即文中所报道的主要成果是前人没有的。没有新的观点、见解和结论，就不能称为科技专著。专著的创新程度虽有大有小，但总应有独到之处，不能仅仅是重复前人的工作。

（3）逻辑性是科技专著的结构特点。要求专著思路清晰、结构严谨、演算正确、推论合理、编排规范、文字通顺、自成体系。不论专著所涉及的专题大还是小，都应该有自己的立论或假说、论证材料和推断结论。要通过推理、分析提高到理论的高度，不应出现无中生有的结论或堆砌无序的数据。

12.1.2 科技专著的分类

要严格且科学地对科技专著进行分类不是一件容易的事情。因为从不同的角度出发，会有不同的分类结果。对科技专著的撰稿人来说，对分类本身的讨论并不重要，重要的是在专著的撰写、修改过程中，如何按照不同类型的著作特点，来把握其质量和水平。科技专著通常分为以下 5 类。

（1）论证型。此类著作是对基础性学科命题的论述和证明的文体。如对数学、物理学、化学、天文学、生物学等基础学科及其他众多的应用基础性学科的公理、定理、原理或假定的建立和证明，以及适用范围和条件的讨论。

（2）科技报告型。科技报告是描述一项科学研究的成果或进展，或一项工程技术试验研究和评价的总结，或论述某项科技问题的现状和发展。例如，记述型的科学实验报告、医学临床报告、工程实施方案或研究计划的可行性报告等。这些报告都必须有著作者自己的新见解。此类专著一般应该提供所研究项目的足够的素材，原始资料必须准确、齐备，包括正反两方面的经验和成果，使之成为进一步研究的依据。

（3）发现、发明型。发现和发明型科技专著一般是记述被发现事物或事件的背景、现象、本质、特征及运动规律，推论应用这种发现的前景，阐述被发明装置、系统、材料、配方、工艺或方法的原理、性能、特点、功效及使用条件，并论证本发明与前人同类发明的不同之处。

（4）计算型。提出或讨论不同类型数学物理方程的数值计算方法、数列或数字计算，计算机辅助设计，计算机在不同领域的应用原理、数据处理方法、算法语言、程序设计及其稳定性和精度的分析等。

（5）综述型。这是一类比较特殊的科技专著，它不要求在具体研究内容方面一定有新的创造；然而一篇好的综述型专著，也应当包含有前人未曾发表过的新思想和新资料。它还要求著作者在综合分析和评价已有资料的基础上，提出特定时期内有关学科或专业领域的演变规律和发展趋势。此类专著一般题目比较笼统，文后参考文献应有一定的数量。综述型专著通常有两种写法：一种以汇集文献资料为主，辅以注释，客观而少评述，最后提出作者的分析观点和结论性的看法；另一种则着重于评述，通过回顾、分析和展望，提出有根据的、合乎逻辑的、具有启迪性的建议。综述型专著的撰写要求较高，应具有某一学科领域的权威性，往往能对所论述学科的发展或研究方向起到导向作用。

12.1.3 科技专著的内容结构和形式结构

从某种意义上讲，撰写科技专著就是为了满足出版的需要。因此，著作者都应该按照科技专著的要求，遵循规定的写作格式，通过符合标准和规范的编排使读者能够快速而方便地阅读专著的内容。科技专著是由研究目的、研究方法、结果和结论等几部分组成的完整的体系。它应该在占有充分资料的基础上，经过精心设计写作而成，具有鲜明观点，且自成体系。

从对作者的要求考虑，一部科技专著的结构形式应该在章条、层次、段落、开头、结尾、过渡和前后照应等诸方面体现出结构的严谨、思路的清晰；就其内容考虑，应该有引言、正文内容和结束语，体现出体系的完整性。科技专著更应注意立论与谋篇：立论就是确立总论点和分论点；谋篇就是安排好结构，组织好材料，并合理运用逻辑方法通过论据来论证分论点和总论点，最后得出客观的结论。科技专著的结构可以归纳为提出命题、阐明研究方法、得出研究结果、给出明确结论等部分。

12.2 科技专著的组成部分

12.2.1 题名、层次标题和作者署名

1. 题名

题名是科技专著的总题目，通俗地说就是书名。

科技专著题名的选定即是著作者对研究成果的命名，其过程可以有两种情况：一是从一项科研的总结中提炼出主要思想和主要内容，给予命名；二是研究成果的资料素材可能很多，著作者可先选一个"题名"，根据题名从材料中提取出与文题吻合的一部分内容，经逻辑组合、加工成文。

题名的作用主要是：第一，作为一部专著的总名称，应该能够展现专著的中心内容和重要论点，使读者能够从题名中了解到该专著所要研究的核心内容和主要观点；第二，提供给二级文献机构、数据库系统检索和收录，题名应尽可能包含有正式主题词、非正式主题词和自由词，以供标引

者选用和读者检索之用。

中文题名一般不宜超过20个汉字；外文（一般为英文）题名应与中文题名含义一致，一般以不超过10个实词为宜。

题名应适合学术交流和信息传递的需要，用语用词严谨规范。不使用非公知公用、同行不熟悉的外来语、缩写词、符号、代号和商品名称。为便于数据库收录，尽可能不出现数学式和化学式。

题名语意未尽，确有必要补充说明其特定内容时；研究课题分阶段所得的成果，有必要用不同的副标题区别其特定内容时；其他有必要引申或说明的，都可以用副标题对主题名进一步具体说明。

2. 层次标题

除题名外，科技专著的其他标题统称为层次标题，通常将其分为章、条、条、条几个层次的标题。层次标题在结构形式上可使整篇内容层次分明，从内容上是对每章、每条中心内容的概括。

层次标题应该与总标题有相同的要求，即应用简明得体的词语表述本章、条中的特定内容。此外，由于这些标题在文中处于各个不同层次，同一层次的标题表达出相互并列的关系，上下层的标题应显示出直接相关联的关系。具体要求有：

（1）同一层次的标题应该表达同一层次的内容。

（2）同一级标题应该尽量讲究排比，即结构相似、意义相关、语气一致。

（3）不同层次的标题，有上下关系的，在内容上应该相互联系。

3. 作者署名

科技专著的作者须在发表的作品上署名。署名者可以是个人作者、合作作者或团体作者。

署名是拥有著作权的声明。《中华人民共和国著作权法》规定，著作权属于作者。著作权包括发表权、署名权、修改权、保护作品完整权等。署名权即表明作者在作品上署名的权利；署名表明作者的劳动成果以及作者本人都得到了社会的承认和尊重，即作者向社会声明，作者对该作品拥有了著作权。

署名是表示文责自负的承诺。所谓文责自负，就是科技专著一经出版，署名者对作品负有责任，包括政治上、科学上和法律上的责任。如果科技专著中存在剽窃、抄袭的内容，或有政治性、技术性错误，署名者即应负完全责任。署名即表明作者愿意承担责任。

科技专著的署名者应当具备以下条件:

(1) 本人应该是直接参加课题研究的全部或主要部分的工作,并做出主要贡献者。

(2) 本人应该是作品的创作者,即专著的撰写者。

(3) 本人对作品具有答辩能力,并为作品的直接责任者。

作者应该是上述三原则的同时具备者。不够署名条件但确对研究成果有所贡献者可作为"致谢"内容中的感谢对象。

直接由个人创作的作品,由作者个人署名,个人作者为专著的著作权人。个人署名一般应使用真实姓名。

多位作者共同完成的作品联合署名时,署名顺序按对该专著的贡献大小排列。第一作者是主要贡献者和直接创作者,同时又是专著的直接责任者,享有更多的权利,承担着更多的义务。除有特别声明外,第一作者就是第一权利、第一责任和第一义务者。

如果由一个组织机构或数人组成的团队对一部科技专著承担责任,可以用该团体的名称来署名。出于保密等其他的原因,也可以用虚拟的团体名称署名。

12.2.2 引言

引言(也称前言、序言、概述)经常作为科技专著的开端,提出书中要研究的问题,引导读者阅读和理解全文。

引言作为专著的开场白,应以简短的篇幅介绍专著的写作背景和目的,以及相关领域内前人所做的工作和研究的概况,说明本研究与前人工作的关系,目前研究的热点、存在的问题及作者工作的意义,引出本专著的主题。

引言也可以点明本专著的理论依据、实验基础和研究方法,简单阐述其研究内容,三言两语预示本研究的结果、意义和前景,但不必展开讨论。

引言的写作要求包括:

(1) 开门见山,不绕圈子。避免大篇幅地讲述历史渊源和立题研究过程。

(2) 言简意赅,突出重点。不应该过多叙述同行熟知的及教科书中的常识性内容,确有必要提及他人的研究成果和基本原理时,只需以参考文献的形式标出即可。在引言中提示本专著的工作和观点时，意思应明确，语言应简练。

（3）尊重科学，实事求是。在论述本专著的研究意义时，应注意分寸，切忌使用"有很高的学术价值""填补了国内外空白""首次发现"等不适之词；同时也要注意不用客套话，如"才疏学浅""水平有限""抛砖引玉"之类的语言。

（4）引言的内容不应与内容简介雷同，也不应是内容简介的注释。引言一般应与结论相呼应，在引言中提出的问题，在结论中应有解答，但也应避免引言与结论雷同。

（5）引言不必交代开题过程和成果鉴定程序，也不必引用有关合同公文和鉴定的全部结论。

（6）引言部分最好不要插图列表和数学公式的推导证明。

12.2.3 正文

正文是科技专著的核心部分，占全书的主要篇幅。如果说引言是提出问题，正文则是分析问题和解决问题。这部分是作者研究成果的学术性和创造性的集中表现，它决定着专著写作的成败与学术、技术水平的高低。

正文的论述方式有两种形式：一种是将科学研究的全过程作为一个整体，对有关各方面做综合性论述；另一种是将科学研究的全过程按研究内容的实际情况划分为几个阶段，再对各阶段的成果依次进行论述。由于研究对象、研究方法和研究成果，以及学科的不同，对正文的写作和编排不能做统一的规定，但一般的正文部分都应包括研究的对象、方法、结果和讨论这几个部分。

试验与观察、数据处理与分析、实验研究结果的得出是正文的主要部分，应该给予有重点的详细描述。要尊重事实，在资料的取舍上不应掺入主观成分，或妄加猜测，也不应忽视偶发性现象和数据。

科技专著不讲求辞藻华丽，但要求思路清晰、合乎逻辑，用语简洁准确、明快流畅。内容务求客观、科学、完备，应尽量利用事实和数据说理。凡是用简要语言能够讲述清楚的内容，应用文字陈述；用文字不容易说明白或说起来比较烦琐的，可用图或表来说明。图或表要具有自明性，即图表本身给出的信息就能表达清楚要说明的问题。避免用图和表重复反映相同的数据。图和表要精心选择和设计，删去可有可无的或重复表达同一内容的图和表。引用的资料,尤其是引用他人的成果应注明出处。

切忌用教科书式的方法撰写科技专著,对已有的知识避免重复论证和描述,尽量采用标注参考文献的方法;对用到的某些数学辅助手段,应防止过分注意细节的数学推演,必要时可采用附录的形式供读者选阅。

正文撰写中凡涉及量和单位、插图、表格、数学式、化学式、数字用法、语言文字和标点符号、参考文献等,都应符合有关国家标准的要求。

12.2.4 结论

结论(或讨论)是整部科技专著的最后总结。尽管多数科技专著的作者都采用结论的方式结束,并通过它传达自己欲向读者表述的主要意向,但它并不是专著的必要组成部分。如果在书中不可能明显导出应有的结论,也可以没有结论而进行必要的讨论。

结论不应是正文中各部分小结的简单重复,它应该以正文中的实验或考察得到的现象、数据的阐述分析为依据,完整、准确、简洁地指出以下内容:

(1) 由对研究对象进行考察或实验得到的结果所揭示的原理及其普遍性。

(2) 研究中有无发现例外或本专著尚难以解释和解决的问题。

(3) 与先前已发表过的(包括他人和作者自己)研究工作的异同。

(4) 本专著在理论上和实用上的意义和价值。

(5) 进一步深入研究本课题的建议。

12.2.5 附录

附录是专著的附件,不是专著必要的组成部分。它在不增加正文部分的篇幅和不影响专著主体内容叙述连贯性的前提下,向读者提供专著中部分内容的详尽推导、演算、证明或解释和说明,以及不宜列入正文的有关数据、图、表、照片或其他辅助性材料。

除确有特殊需要外,一般以不设附录为好。

12.2.6 参考文献

1. 目的和作用

对于一部科技专著,参考文献著录是不可缺少的。归纳起来,参考文献著录的目的与作用主要体现在以下五个方面。

（1）著录参考文献可以反映论著作者的科学态度和论著具有真实、广泛的科学依据，也反映出该论著的起点和深度。科学技术以及科学技术研究工作都具有继承性，现时的研究都是在过去研究基础上进行的，今天的研究成果或研究工作一般都是前人研究成果或研究工作的继续和发展；因此，在论著中涉及研究的背景、理由、目的等的阐述，必然要对过去的工作进行评介，著录参考文献能表明言之有据，并明白交代出该论著的起点和深度。这在一定程度上为论著的审阅者、编者和读者评估论著的价值和水平提供了客观依据。

（2）著录参考文献能够方便地把论著作者的成果与前人的成果区别开来。论著论述的研究成果虽然是论著作者自己的，但在阐述和论证过程中免不了要引用前人的成果，包括观点、方法、数据和其他资料，若对引用部分加以标注，则他人的成果将表示得十分清楚。这不仅表明了论著作者对他人劳动的尊重，而且也免除了抄袭、剽窃他人成果的嫌疑。

（3）著录参考文献能起索引作用。读者通过著录的参考文献，可方便地检索和查找有关图书资料，以对该论著中的引文有更加详尽的了解。

（4）著录参考文献有利于节省论著篇幅。论著中需要表述的某些内容，凡已有文献所载者不必详述，只在适当的地方注明出处即可。这不仅精练了语言，接生了篇幅，而且避免了一般性表述和资料堆积，使论著容易达到篇幅短、内容精的要求。

（5）著录参考文献有助于科技情报人员进行情报研究和文献计量学研究。

2. 原则

著录参考文献应该贯彻以下原则：

（1）只著录最重要、最新的文献。著录的文献要精选，仅限于著录作者亲自阅读过并在论著中直接引用的文献，而且无特殊需要时不必罗列众所周知的教科书中的一般知识性内容或某些陈旧史料。

（2）只著录公开发表的文献。公开发表是指在国内外公开发行的报刊或公开出版的图书上发表。未公开发表的资料，一般不宜列入参考文献表，可紧跟在引用的内容之后注释或标注在当页的地脚；不能公开的内部文件和资料，更不能作为参考文献引用，也不能作为注释列出。

（3）采用标准化的论著格式。文后参考文献的著录已有国际标准和国家标准,论著作者应熟悉这些标准并严格执行。按照标准著录的好处是:写、读都方便;所占篇幅少,并能提高录排工作效率;便于计算机存储、检索和输出,从而有利于文献管理和学术交流。

3. 方法和要求

参考文献的著录格式按照 GB/T 7714—2015《信息与文献 参考文献著录规则》执行。

12.3 科技专著中语言文字的规范

科技专著的内容是靠语言文字,加上各种科学符号、数字以及数理公式、图表等来表达的。要准确、简明地表达研究成果和传播与储存科学技术信息,语言的运用必须达到文理通顺、言简意赅的要求;同时,正式出版的科技专著,仅从写作和语言文字的使用上来讲,还有示范作用。因此,科技专著必须使用规范的汉字,所用语言应当符合现代汉语的语法规范。

科技专著中使用的语言具有以下特点:

(1) 词汇方面。大量使用科技名词术语;要求单义,排斥多义;不带感情色彩;广泛使用科学符号。

(2) 句式方面。大量使用陈述句;不完全句(无主语句和省主语句)用得很多;常使用长句(不是指长的复句,而是指较长的单句);复句使用得普遍;固定结构多。

科技专著语言的使用要求包括:

(1) 准确、简明、生动。准确,指遣词能够恰当地表达作者的思想和客观地描述事物的存在、运动、变化的性质和特征。用词不当,语意不清,文理不通,就不可能把所要表述的科学内容恰如其分地表达出来。简明,指用尽可能少的文字表达出比较丰富而清晰的内容。简明的反面是啰唆、重复、累赘,应尽力避免。生动,不是指文学语言的那种生动。科技专著语言的生动是要求流畅,符合习惯,长短句交替,读起来不拗口,不枯燥、乏味,也不是生搬硬译外国语。

(2) 朴实无华,具体,不空泛。科技专著的语言要朴实,对事物的表述不宜做渲染,同时要具体,避免抽象和笼统。

(3) 用书面语。科技专著要用书面语而不用口语,更不要用地方话。

12.4　科技专著的出版

科技专著的基础是科学研究的成果及其素材,从事科学研究并取得新的结果者具备撰写出科技专著的条件。出版科技专著是公开科学研究成果的一种重要形式,而且意义更大。

一本科技专著的正式出版发行要经过出版社的选题列选、组稿、编写或翻译、审读、发稿、排版、校对、印刷、装订直至发行等许多环节和一系列的具体操作。

出版社对著作者交付的书稿进行全面审读,必要时还将请相关专家或组织审稿会审查书稿。出版社审读后,对书稿做出取舍决定,或采用,或退修,或退稿。对审读后决定采用的书稿,出版社进行编辑加工和复审、终审。经编辑加工、复审、终审和作者修改后符合出版要求的书稿,出版社进行装帧设计、排版,排版后按规定进行若干次的校对,再经印刷、装订,正式出版发行。在校对过程中,视原稿质量和出版需要,有时会要求著作者审阅校样,著作者应予以配合,认真审阅,并尽快把校样退回出版社。

为保证图书质量,除需要出版社内部各环节的密切配合外,首先要求著作者交付的书稿必须满足"齐、清、定"的要求:"齐"指文稿(包括正文和辅文)和图稿要一次交齐,页码连续,无错页、漏页;"清"指文稿和图稿的稿面整洁、清楚,每个字、字母和标点符号等能单独辨认无误;"定"指书稿的全部内容是确定的,交稿后不得再做增删、修改,无遗留问题需要解决。"齐、清、定"要求中"定"最为关键。著作者务必交定稿,写作过程中不要将问题留到交稿后处理,更不能在排版后对校样进行重大增删、修改。

出版社收下符合交稿要求的书稿之后,一本书就进入正常的出版流程了,著译者所做的主要工作也就基本结束了。后期可以配合出版社做些图书宣传工作。

附录I 比较复杂的典型审稿意见和修改说明

案例1

一、Editor Evaluation

1. Fig 1：Text cannot overlap the lines. Please move "propellant feeding system".

"propellant feeding system" in figure 1 has been moved.

2. Fig 5：Color is not needed. Change to black – and – white. Color also incurs an automatic extra charge for publication.

It has been changed to black – and white.

3. Can you add error bars to the data in the graphs? Measurement uncertainty seems to need more attention in the paper.

Error bars have been added to the data in Figures 3 –4 and Figure 6.

4. Formatting of references needs to comply with AIAA syandard.

References have been complied with reviewer's suggestion and "Reference format instructions" at the website of AIAA.

二、Action Items

1. Organization

– List job title, department, division, complete mailing address (including ZIP), and AIAA membership grade (if any) for each author in footnote on first page (E – mail address optional).

Organization for each author has been listed in the footnote on the first page.

2. Add Nomenclature section to identify characters and symbols used (do not include acronyms); list terms in alphabetical order and place Nomenclature between Abstract and Introduction. Nomenclature entries should have the appropriate units identified.

Nomenclature has been added.

三、Reviewer 1 and Editorial comments

Page 1:

1. The authors sometimes put a space between values and units "2 J"; other times there is no space "2J". One consistent format should be used throughout the work.

One consistent format of "2 J" has been used throughout the work.

2. Abstract, line 8 should probably read: "droplets' "

"droplets" has been replaced by "droplets' ".

3. Abstract, lines 8 and 10: In general, acronyms should be avoided in the abstract. Anyway, the definition of SMD is given once on line 8, so the definition on line 10 is certainly not needed.

Acronym of "SMD" has been removed from the abstract.

4. Abstract, line 11: Replace "Flow rate" with "The flow rate"

"Flow rate" has been replaced with "The flow rate"

5. Introduction, line 1: Remove comma after " (LP)"

The comma has been removed.

Page 2:

6. Please check with the editors to be sure that the use of the title "Dr." is correct in the body of a scientific paper.

Dr. has been removed.

7. Experimental details, line 1: Replace "Figure1" by "Figure 1", and apply to the other figure and table names, as well. In addition, avoid using (e. g.) "Fig. 3" in the figure caption; instead, write out "Figure 3".

All the names and captions of figures and tables have been changed to the format of "Figure 1" and "Table 1".

8. Experimental details, line 2: "Droplets" should be "Droplet" or "The

droplets' "

It has been changed.

9. Experimental details, line 4: "water's" should be "the water"

"water's" has been replaced by "the water".

10. Please insert a blank line between figure 1 caption and the body text.

A blank line has been inserted.

Page 3:

11. First line of paragraph above equation 1, replace "flies" by "files"

"flies" has been replaced by "files". (Page 4 of the revision)

Page 4:

12. Results and Discussion, line 1: replace "was affected" by "were affected"

"was affected" has been by "were affected".

13. In Figure 3, the Isp series points are a little hard to see; would it be possible to darken the border on these points?

These points in Figure 3 have been darkened.

14. In Figure 3, the horizontal axis should be microns, not "um". The current unit would be fine if the u is replaced by a greek mu.

"um" has been replaced by "µm" in the horizontal axis of Figure 3. (Page 5 of the revision)

Page 5:

15. Insert an empty line between Figure 4 caption and section 3.1

An empty line has been inserted. (Page 6 of the revision)

16. Section 3.1, "optical field" - > "the optical field"

"optical field" has been replaced by "the optical field ".

17. Last 2 lines of page 5: subject verb agreement; replace "is" by "was"

"is" has been replaced by "was". (Last 2 lines of page 6 of the revision)

Page 6:

18. section 3.2 header: insert a space before the last character in the header

A space has been inserted. (Section III B on page 7 of the revision)

19. last line of page 6 should read either "formulae" or "formulas" instead of "formula"

It has been changed to "formulas" (*The last five lines in page 7 of the revision*).

Page 7:

20. Insert a blank line immediately after Figure 6 caption.

A blank line immediately after Figure 6 caption has been inserted. (*Page 8 of the revision*)

21. Insert a blank line immediately after Figure 7 caption.

A blank line immediately after Figure 7 caption has been inserted. (*Page 8 of the revision*)

Page 9:

22. First line of page 9: Replace "up to date" by "to date"

"up to date" has been replaced by "to date" (*The last 4 lines of page 9 of the revision*)

23. Second line of page 9: "droplets" should probably read "droplets' "

"droplets" has been replaced by "droplets' " (*The last 3 lines of page 9 of the revision*)

24. Third line of page 9: "Flow rate" should probably read "The flow rate"

"Flow rate" has been replaced by "The flow rate" (*the last 2 lines of page 9 of the revision*)

四、Reviewer 2

1. In abstract and Introduction. Authors cite the recent studies by the other authors. However, very similar studies, using a CO_2 laser and water droplet as propellant, have been accomplished in ISAS and University of Tokyo in Japan in 80s. Some of their results are published in AIAA Journal. It would be better to refer and to compare with their results.

We have searched at the website of AIAA using the terms of "Laser" and "droplet" in the full text. Unfortunately, we have not found the above references that reviewer 2 suggested. If reviewer 2 can give us a more detailed description of the above references as reviewer 3 did, it will be appreciated very much.

2. In page 2. Authors use the term "Internal efficiency." The definition of

the term is not clear.

In the authors' opinion, the readers in the related topics should know the term "Internal efficiency." Its definition is given by formula 4.

3. In page 2. The studies in refs. 5 – 6 are not aiming the high – efficiency but high – thrust. In their specific applications, the propellant consumption rate is not important. In addition, authors use the term "absorption efficiency." In all the previous studies cited here, the absorption efficiency should be close to 100%!

"In order to increase absorption efficiency of incident CO_2 laser and propulsive performances of water propellants for LP," has been replaced by "Trying to increase propulsive performances of water propellants for LP with CO_2 laser," (the first sentence of the last part of section of "Introduction", Page 2 of the revision).

4. In the page 2. It would be better to explain why good efficiency is expected in using the atomized water droplet.

In our opinions, to keep the water droplets size in the same order of magnitude with its absorption depth ($\sim 10\mu m$) of CO_2 laser, is a good try to increase the absorption and efficiency. We have explained it in the paper. It is just a try. And the results of the paper have validated our method.

5. In the section 2 on experimental details. It would be better to show the definition of "Sauter mean diameter." Experiments are conducted in the air atmosphere. Hence, it is natural to think that the present study aims the development of the air breathing propulsion. In such system, the air is also used as propellant, and most amount of the impulse should be originated from the blast wave expansion in the air. It makes the definition of the efficiency complex. For the efficiency of air breathing laser propulsion, it would be better to refer the papers like "Numerical Analyses of Exhaust and Refill Processes of a Laser Pulse Jet," Journal of Propulsion and Power Vol. 24, No. 5. Moreover, the laser energy density around 6.0 J/cm^2, though it is not clear how it is measured, seems very small for laser ablation. Why don't you try higher values?

"The droplets mean size (Sauter mean diameter, D_{32})" has been given in the paper. It is not needed to give the definition of "Sauter mean diameter."

Because the force sensors can not work in vacuum environment, all the experiments were performed in the air atmosphere. To date, all the studies on water propellants for laser propulsion (Including the references of this paper) have been done in the air atmosphere.

There is not a stable laser output when laser energy density is higher than 6.0 J/cm^2. We didn't try higher values.

6. On Fig. 1, there is nozzle. The specifications of nozzle are very important for the performance.

"The parabolic aluminum nozzle is 52.5 mm height and 70 mm in diameter." has been added in the last lines 6 ~ 7.

7. In page 3. The water feeding lasts for about 10ms. It may be too long because the laser pulse lasts only for 10 micro – seconds. Most of the propellant is fed without heated by laser. Discussions about the duration are necessary.

We will try to shorten the water feeding time and study further. It has also been discussed in the last part of "III. Results and discussions" (Page 5 of the revision).

8. In page 4. Authors argue that experiments are conducted 3 ~ 5 times for each case. The error should be presented.

The error has been given in Table 1, Figures 3 ~ 4 and Figure 6.

9. In table 1, authors summarized the experimental conditions. It is better if authors add how they determined these parameters.

The main explanations have been given in the section of "Experimental details". There is no need to repeat them.

10. Figures 3 and 4 are originally same with each other. The effects of v and D32 are not treated independently to each other. More systematic data and detailed discussions are necessary to clarify the effects of these parameters on the

performance.

"*In a spray, the size and the speed of droplets are not independent events.*" (*The second sentence of the second paragraph, Page 6 of the revision*) *can give an explanation to the reviewer.*

11. In page 6. Reviewer cannot understand the discussion here.

The first sentence immediately after Figure 5 has been changed to "*The thrusts were produced over relatively short time intervals (about 100 μs).*"

The ambiguous expression of "*This was caused by the decrease of flow rate to 2.858 g/s.*" (*the last sentence above Figure 6*) *has been removed.*

12. In section 3.3. Authors wrote "control of supplied mass each time and use of atomized…" Author cannot understand the discussion here.

It is just our opinions. Maybe reviewer 2 is more interested in "*water cannons*".

13. In page 8. It should be better to explain how to deduce Equations (5) and (6).

Readers can find the deduction process in reference [8]. *If we repeat it in our paper, there will be no meaning to cite references.*

五、Reviewer 3

1. The nozzle is apparently not a reflective parabola as in some other work that has been reported. Why not? Why is the ZnSe lens preferred? (I'm not criticizing: there are good reasons in my opinion)

In the experiments, water droplets will reach easily on the surface of the nozzle. The adhesive droplets on the surface of the nozzle will influence the reflection of the incident laser. So the ZnSe lens was preferred.

2. page 3 data "flies"

It has been replaced by data "*files*"

3. Is Cm and Isp variation primarily a result of D (Droplet mean size) or v

(mean velocity)? Too bad the effects couldn't be separated. They could be, by changing the pressure. You say it is related to probability of breakdown but it also could be how long the light has to heat up the droplet?

Limited by our experimental conditions, the effects couldn't be separated. The time to heat up the droplet was very short (about 100 μs). We have given the main explanations in the paper.

4. Why is there a minimum for Cm and Isp at 70? m droplet size? A dropoff above a certain size would be the simple result expected, as in stmt para. 1 section 3.1, which is not supported. That is unexpected and looks to me like there's more physics here than the authors address. For example, the way in which laser light focuses within the droplet, or is converted to acoustic waves.

In our opinions, we have given explanations in the paper. As to reviewer's suggestions, we will study further. We are appreciated for the above suggestions.

5. A better reference for (8) is

J. Sinko and C. Phipps, "Modeling CO_2 laser ablation impulse of polymers in vapor and plasma regimes," Appl. Phys. Lett., 95, 131105 – 1 to 131105 – 3 (2009)

It has been changed as follows:

[8] Sinko, J. E., and Phipps, C. R., "Modeling CO_2 laser ablation impulse of polymers in vapor and plasma regimes," Applied Physics Letter, Vol. 95, No. 13, 2009, pp. 131105 – 131105 – 3.

doi: 10.1063/1.3234382

6. Comment on ablation efficiency related to Cm ∗ Isp might be useful

To date, the readers in the related topics all use $C_m * I_{sp}$ to describe ablation efficiency. There is no other definition of ablation efficiency in the world. We also have no other comments. Fortunately, we have just found a good way to increase the ablation efficiency.

案例 2

Comment 1

The formulas – especially the one in context to the virtual rays – in the manuscript cannot be read because of poor – pixel – like – quality. As a consequence, the reviewer didn't understand in detail how the method works. The comprehensibility of the manuscript further suffers that several quantities/abbreviations used in the formulas, e. g. PS（T）, A_j（the indices are unreadable）, $A_{v,j}$（the indices are unreadable）$f_{i,j}$, m, n, L（formula 1）etc., are not mentioned/explained in the text and that the standard of English is frequently not adequate. There are some cryptic sentences and some unfortunate denotation, e. g. number of grids, etc.

Response

Thank you for your comments on the formulas. We accept the reviewer's suggestion. We submitted our paper in the form of word, and the system changed it to PDF automatically which induced some formulas poor in view. We are sorry that several variables used in the formulas make you confused. The variables especially the subscript in the formulas such as $A_{v,i}$, $f_{v,j}$, L_{ij}, etc, are explained in detail. (See Eq.（7）– Eq.（10）, on the right side of Page 3).

Thereare some revisions on the formulas:

1) The Equation（4）which represents the relative sensitivity has been added on the *right of side Page 2.*

2) $A_{i_{3n+1}}$ has been replaced by $A_{i_{3n}}$ in the first expression of Eq.（15）.（On the *right side of Page 6*）.

The expression ' number of grids' has been replaced by ' number of grid points'.（*See the fourth line of Paragraph 1, on the left side of Page 5; the fist line followed Fig. 6, on the right side of Page 5; the second and the fourth lines of Paragraph 1, the last sentence of Paragraph 2, on the left side of Page 6; the fourth and the eleventh lines of Paragraph 2, on the left side of Page 8*）

Comment 2

The reference list is also not acceptable. There are only 18 references and almost 50% of them are dedicated to publications of Hanson/Jeffries. Additionally, referencing is frequently not appropriate: e. g. reference 5 and 17 from 2011 and 2006, respectively, is not an appropriate choice, showing the origin of Filtered

Back Projection. In the next sentence, ART is referenced by [6, 7, 11, 12, 16]: *here also, the references given are not those representing the origin of the method. In the introduction the authors mentioned that TDL is used in a wide range of practical applications. One would expect that more references are given than the one of Hanson et al. and Brown. Another example for inappropriate referencing: on page 2 right side, second section it is written:* "**In some cases, a fast data collection is needed for the experiment to be completed in a few seconds. Therefore, the emitters and detectors are fixed in a certain location to save the acquisition time** [7]." *The idea to locate detectors at a fixed position for fast data collection was definitely not "born" in 2010 (reference* [7]).

Response

Thank you for your kind suggestions on the references. We accept the reviewer's suggestion. The revisions are presented as follows:

1) We have re-organized Section 1 and added more references for the applications of TDL sensors (references [1] – [8], [17] – [24]).

2) Shepp and Logan's (*IEEE T. Nucl. Sci.* **21** (1974), 21 – 43), Gordon and Bender's (*J. Theor. Biol.* **29** (1970), 471 – 481) early researches in medical radiography have been referred for origin of FBP and ART. Moreover, Abel inversion, FBP and ART method have been compared (*See Paragraph 2, right side of Page 1*).

3) The reference [7] (Reference [24] in the revised manuscript) have been re-referred and showed major conclusions (*See Line 7 from the bottom, Page 1 right side*). McCann et al research (*Chem. Eng. J.* **77**, (2000), 111 – 118; *Appl. Opt.* **44**, (2005), 6578 – 6592) are referred to show the fixed position for the fast data collection in tomography (*See Line 9 from the bottom, on the right side of Page 1*).

4) Terzija's (*Meas. Sci. Technol.* **19**, 094007 (2008)) and Twynstra's (*Appl. Opt.* **51**, (2012) 7059 – 7068) researches have been referred to show the application of irregular beam arrangement (*See Paragraph 2, on left side of Page 2*).

Comment 3

A major point concerning the scientific work of the authors: To my opinion it makes no sense to discern between the number of rays and the number of lines used-

forming the grid: *the number of rays used for reconstruction should be the number of grid lines. Indirectly, this is also confirmed by the authors in context to the discussion of figure 6*: *in this figure it is shown, that best results are obtained for (see formula 12)* $\eta = \Delta d_{line}/\Delta d_{grid} = 1$. *I do not see any reason, why one should expect something different.*

Response

Thank you for your comments. A real temperature fields are in a continuum of state. The area of interest is divided into grids where the value of the reconstruction is assumed to be constant. Therefore, the more number of lines are used forming the grid, more details to be known. We have fixed number of beams in the experiment, then we choose an optimal number of discrete grids to obtain a good reconstructed result. That is motivation we investigate the relationship between the number of rays and the number of grid points. As shown in Fig. 6 (a), the dense grids 31×31 perform better reconstruction than the other two distributions for the same number of beams.

In Eq. (14) $\eta = \Delta d_{line}/\Delta d_{grid} = 1$, Δd_{grid} represents the length of the grid and Δd_{line} is the interval between the two rays. In the simulation, the area of interest is discretized to $N = n \times n$ square grid points. "$\eta = 1$" represents Δd_{line} equals to the length of the grid, but does not mean the number of rays equals to n. The ray distributions in the projection angles of 0 and 45° are shown in the following figure. We assumed $d_{grid} = 10$, $\Delta d_{grid} = 1$. To satisfy the $\eta = 1$ and $d_{line} = \sqrt{2} d_{grid}$, the number of rays for each projection is 15 and the number of grid points is 10×10.

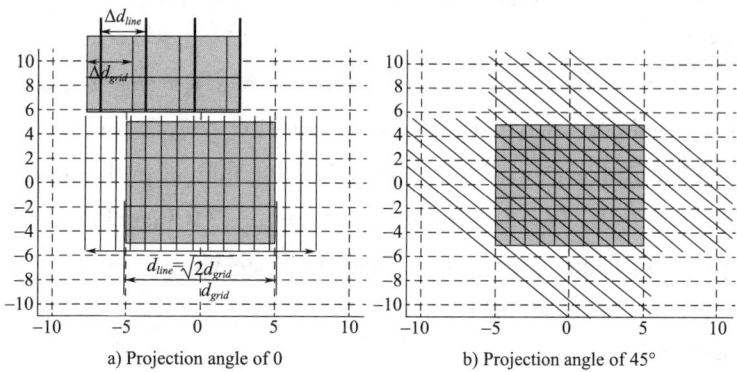

a) Projection angle of 0   b) Projection angle of 45°

Figure Beam arrangement with parallel-beam projection

Comment 4

A few seconds seams not to be a fast data collection system. From the literature tomographic data collection systems down to 100 microseconds are known. This is another example of inappropriate referencing.

Response

Thank you for your comments. We accept the reviewer's suggestion. The authors wanted to say in some experiments, such as measurement in the shock tube, will be completed in a few milliseconds. The fast data collection system by Wang (*Meas. Sci. Technol.* **21**, (2010)) has been referred (See Reference [24], *Line 7 from the bottom, on the right side of Page 1*).

Comment 5

Equation (2):

Please check this formula: To my impression $Q(T)$ appears two times in the formula: explicit and implicit in the exponential term.

Response

We have checked Eq. (2), and found that the equation is right.

Comment 6

Figure 2 / Figure 3:

The temperature in figure 2 is asymmetrically chosen with respect to the x – coordinate, the authors should make acomment on this – even so one could imagine why. In figure 3 (a) the grey shaded area is symmetrically drawn. This is a little bit inconsistent. In figure 3 (a) the laser source and the fan beam source are indicated. The authors should explain how the system works.

Response

Temperature in figure 2 (Figure 3 in the revision) seems asymmetrical because the viewpoint is specified in terms of azimuth $-37.5°$ and elevation $30°$. We have added a plan view of the temperature distribution in the revision manuscript. (*See Figure 3, Page 4 left side*). The figure 3 (Figure 4 in the revised manuscript) is rewritten and we explained the system in detail in Paragraph 1, Section 3.2 on the left side of Page 4.

Comment 7

"The laser source is located in a circle with a diameter equal to the region

length."

"In this condition, at least one ray is across the cell when the projection angle is 45°."

Response

Thank you for your suggestion. Above two sentences are reformulated as follows:

1) For the fan-beam projection, the fan-beam sources are placed along a circle with the equal space. The radius of the circle equals to the length of the reconstruction region. (*See the second sentence of Paragraph 2 from below, on the left side of Page 4*)

2) In this condition, d_{line} just equals to the length of the reconstruction region, and at least one ray is across the cell when the projection angle is 45° or 135°. (*See the third line of Paragraph 1, on the right side of Page 4*)

Comment 8

Section 3 Numerical Models:

The authorsshould make clear at the beginning, that this section discusses a numerical test in contrast to section 5, where experimental results are discussed. Otherwise, it is confusing.

Response

Thanks for your suggestions. We have added explanations at the end of Section 1, which aims to give an overall description of the architecture of the work. Moreover, the title of Section 4 has been changed to "Simulation results and discussion".

Comment 9

"*Some areas accidentally appear on the corner and the centre of the reconstruction area. Each projection equation represents a path value of a ray. Taking $p_0 = 16$ for example, there are 64 (4×16) projection equations, containing temperature unknowns of 961.*" *First sentence: not understandable. Where does this factor 4 come from (projection angles)? How many number of detection angles are used for the reconstruction? 961 (31×31) is not always chosen in context to figure 4.*

Response

Thank you for your suggestions. We reformulate this sentence.

"Bad reconstruction usually appears on the corner and the centre of the reconstruction area. Each projection equation represents a path value of a ray, as expressed in Eq. (8). Taking $p_0 = 16$, 31×31 grids for example, there are 64 (4 projected angles × 16 rays per projected angle) projection equations, containing temperature unknowns of 961." (*See Line 9 from the bottom, Page 4 right side*)

In the simulation, four projected angles are used in thereconstruction. But the grids are not fixed, as you mentioned, and here we take 31×31 grids for example.

Comment 10

Figure 4

Please indicate in the figure caption that parallel projection is applied. Indicate number of detection angles.

Response

We accept the reviewer's suggestion. The explanation "Parallel projection and four detection angles are applied" has been added in the figure caption. (*See Figure 5, on the left side of Page 5*)

Comment 11

Do the authors expect something different in the context of figure 4, 5 and table 1? To my opinion, this is an absolutely trivial result. The x – axis labeling "beam number" is wrong. This seems to be the total number of beams used for reconstruction. Again: I would prefer to get the number of grid points $n \times m$, the number of rays $p \times p$ as well as the number of projection angles.

Response

We accept the reviewer's suggestion. We have deleted Table 1, and rewritten figure 5 (Figure 6 in the revised manuscript). The x – axis labeling changed to "Total number of beams" for Figure 6 (*See on the right side of Page 5*). In the simulation, four projected angles are used in the reconstruction for the parallel – beam distribution. So the trend of the fitting curve does not change when we used number of rays for each projection labeling x – axis. Here we used the total number of the beams in order to make a comparison between the fan – and parallel – beam reconstructed qualities. Besides, the virtual ray method (Section 4.2) is enlightened from Figure 6 and Figure 7 (in the revised manuscript).

Comment 12

Why do authors chose solely a Gaussian distribution in their numerical test? In principle one can use Abel inversion/onion peeling in the case of this symmetrical distribution under investigation. To my opinion here also a test case should have been discussed in which the latter methods cannot be applied and tomographic reconstruction algorithms have necessarily to be used.

Response

The suggestions are very meaningful and constructive. We accept the reviewer's suggestion and have added simulations on the random Gaussian phantoms with off – centering in Section 4. 2 (See the right side of Page 6). 100 random Gaussian phantoms with off – centering are used in the test. When applied to the non – axis – symmetric temperature distributions, the virtual ray method are shown to produce more accurate reconstructions compared to other conditions without the virtual ray method.

Comment 13

"The parallel – beam projection obtains a lower DevT than fan – beam projection because the parallel projection has to rotate only half circle when the beam number is the same. The parallel projection also allows for a simpler and more compact assembly system." This is not the only explanation: The fan – beam forms a non – uniform pattern. As one can see immediately from figure 3 (a) this causes a courser grid in the region of interest. Therefore, in cases where the object under investigation is more or less homogeneously distributed over the detection area (and not in the vicinity of the fan centers), parallel beam projection leads to better reconstruction results.

Response

Thank you for your comments about the reason. We have quoted your suggestion and explanation on the parallel beam distribution, which shows better reconstruction. (*See Paragraph 1, on the right side of Page 5*)

附录 Ⅱ 英文学术论文常用句型

英文科技论文的写作越来越受到重视，这里仅仅以附录的形式给出常用的表达方式[1]，希望能够对广大读者有所帮助。同时非常感谢为整理这些表达方式付出努力的老师和同学们。

Beginning

1. In this paper, we focus on the need for…

2. This paper proceeds as follow.

3. The structure of the paper is as follows.

4. In this paper, we shall first briefly introduce fuzzy sets and related concepts…

5. To begin with we will provide a brief background on the…

Introduction

1. This will be followed by a description of the fuzzy nature of the problem and a detailed presentation of how the required membership functions are defined.

2. Details on xx and xx are discussed in later sections.

3. In the next section, after a statement of the basic problem, various situations involving possibility knowledge are investigated: first, an entirely possibility model is proposed; then the cases of a fuzzy service time with stochastic arrivals and non fuzzy service rule is studied; lastly, fuzzy service rule are considered.

Review

1. This review is followed by an introduction.

2. A brief summary of some of the relevant concepts in xxx and xxx is presented in Section 2.

3. In the next section, a brief review of the.... is given.

4. In the next section, a short review of ...is given with special regard to...

5. Section 2 reviews relevant research related to xx.

6. Section 1.1 briefly surveys the motivation for a methodology of action, while 1.2 looks at the difficulties posed by the complexity of systems and outlines the need for development of possibility methods.

Body

1. Section 1 defines the notion of robustness, and argues for its importance.

2. Section 1 devoted to the basic aspects of the FLC decision making logic.

3. Section 2 gives the background of the problem which includes xxx...

4. Section 2 discusses some problems with and approaches to, natural language understanding.

5. Section 2 explains how flexibility which often ...can be expressed in terms of fuzzy time window...

6. Section 3 discusses the aspects of fuzzy set theory that are used in the...

7. Section 3 describes the system itself in a general way, including the.... and also discusses how to evaluate system performance.

8. Section 3 describes a new measure of xx.

9. Section 3 demonstrates the use of fuzzy possibility theory in the analysis of xx.

10. Section 3 is a fine description of fuzzy formulation of human decision.

11. Section 3, is developed to the modeling and processing of fuzzy decision rules...

12. The main idea of the FLC is described in Section 3 while Section 4 describes the xx strategies.

13. Section 3 and 4 show experimental studies for verifying the proposed model.

14. Section 4 discusses a previous fuzzy set based approach to cost variance investigation.

15. Section 4 gives a specific example of xxx.

16. Section 4 is the experimental study to make a fuzzy model of memory

process.

17. Section 4 contains a discussion of the implication of the results of Section 2 and 3.

18. Section 4 applies this fuzzy measure to the analysis of xx and illustrate its use on experimental data.

19. Section 5 presents the primary results of the paper: a fuzzy set model.

20. Section 5 contains some conclusions plus some ideas for further work.

21. Section 6 illustrates the model with an example.

22. Various ways of justification and the reasons for their choice are discussed very briefly in Section 2.

23. In Section 2 are presented the block diagram expression of a whole model of human DM system…

24. In Section 2 we shall list a collection of basic assumptions which a … scheme must satisfy.

25. In Section 2 of this paper, we present representation and uniqueness theorems for the fundamental measurement of fuzziness when the domain of discourse is order dense.

26. In Section 3, we describe the preliminary results of an empirical study currently in progress to verify the measurement model and to construct membership functions.

27. In Section 5 is analyzed the inference process through the two kinds of inference experiments…

This Section

1. In this section, the characteristics and environment under which MRP is designed are described.

2. We will provide in this section basic terminologies and notations which are necessary for the understanding of subsequent results. Next Section…

3. The next section describes the mathematics that goes into the computer implementation of such fuzzy logic statements.

4. However, it is cumbersome for this purpose and in practical applications the formulae were rearranged and simplified as discussed in the next section.

5. The three components will be described in the next two section, and an

example of xx analysis of a computer information system will then illustrate their use.

6. We can interpret the results of Experiments Ⅰ and Ⅱ as in the following sections.

7. The next section summarizes the method in a from that is useful for arguments based on xx...

Summary

1. This paper concludes with a discussion of future research consideration in section 5.

2. Section 5 summarizes the results of this investigation.

3. Section 5 gives the conclusions and future directions of research.

4. Section 7 provides a summary and a discussion of some extensions of the paper.

5. Finally, conclusions and future work are summarized...

6. The basic questions posed above are then discussed and conclusions are drawn.

7. Section 7 is the conclusion of the paper.

Chapter 0. Abstract

1. A basic problem in the design of xx is presented by the choice of a xx rate for the measurement of experimental variables.

2. This paper examines a new measure of xx in xx based on fuzzy mathematics which overcomes the difficulties found in other xx measures.

3. This paper describes a system for the analysis of the xx.

4. The method involves the construction of xx from fuzzy relations.

5. The procedure is useful in analyzing how groups reach a decision.

6. The technique used is to employ a newly developed and versatile xx algorithm.

7. The usefulness of xx is also considered.

8. A brief methodology used in xx is discussed.

9. The analysis is useful in xx and xx problem.

10. A model is developed for a xx analysis using fuzzy matrices.

11. Algorithms to combine these estimates and produce a xx are presented and justified.

12. The use of the method is discussed and an example is given.

13. Results of an experimental applications of this xx analysis procedure are given to illustrate the proposed technique.

14. This paper analyses problems in…

15. This paper outlines the functions carried out by…

16. This paper includes an illustration of the…

17. This paper provides an overview and information useful for approaching…

18. Emphasis is placed on the construction of a criterion function by which the xx in achieving a hierarchical system of objectives are evaluated.

19. The main emphasis is placed on the problem of xx…

20. Our proposed model is verified through experimental study.

21. The experimental results reveal interesting examples of fuzzy phases of: xx, xx.

22. The compatibility of a project in terms of cost, and xx are likewise represented by linguistic variables.

23. A didactic example is included to illustrate the computational procedure…

Chapter 1. Introduction

Time

1. Over the course of the past 30 years, …has emerged form intuitive…

2. Technological revolutions have recently hit the industrial world…

3. The advent of …systems for has had a significant impact on the…

4. The development of …is explored…

5. During the past decade, the theory of fuzzy sets has developed in a variety of directions…

6. The concept of xx was investigated quite intensively in recent years…

7. There has been a turning point in …methodology in accordance with the advent of…

8. A major concern in …today is to continue to improve…

9. A xx is a late comer in the part representation arena.

10. At the time of this writing, there is still no standard way of xx…

11. Although a lot of effort is being spent on improving these weaknesses, the efficient and effective method has yet to be developed.

12. The pioneer work can be traced to xx [1965].

13. To date, none of the methods developed is perfect and all are far from ready to be used in commercial systems.

Objective / Goal / Purpose

1. The purpose of the inference engine can be outlined as follows:

2. The ultimate goal of the xx system is to allow the non experts to utilize the existing knowledge in the area of manual handling of loads, and to provide intelligent, computer aided instruction for xxx.

3. The paper concerns the development of a xx…

4. The scope of this research lies in…

5. The main theme of the paper is the application of rule based decision making.

6. These objectives are to be met with such thoroughness and confidence as to permit…

7. The objectives of the …operations study are as follows:

8. The primary purpose/consideration/objective of…

9. The ultimate goal of this concept is to provide…

10. The main objective of such a …system is to…

11. The aim of this paper is to provide methods to construct such probability distribution.

12. In order to achieve these objectives, an xx must meet the following requirements:

13. In order to take advantage of their similarity…

14. more research is still required before final goal of …can be completed…

15. In this trial, the objective is to generate…

16. for the sake of concentrating on …research issues…

17. A major goal of this report is to extend the utilization of a recently devel-

oped procedure for the xx.

18. For an illustrative purpose, four well known OR problems are studied in presence of fuzzy data: xx.

19. A major thrust of the paper is to discuss approaches and strategies for structuring …methods.

20. This illustration points out the need to specify…

21. The ultimate goal is both descriptive and prescriptive.

22. Chapter 2. Literature Review…

23. A wealth of information is to be found in the statistics literature, for example, regarding xx.

24. A considerable amount of research has been done …during the last decade.

25. A great number of studies report on the treatment of uncertainties associated with xx.

26. There is considerable amount of literature on planning…

27. However, these studies do not provide much attention to uncertainty in xx.

28. Since then, the subject has been extensively explored and it is still under investigation as well in…

methodological aspects as in concrete applications.

29. Many research studies have been carried out on this topic.

30. Problem of xx draws recently more and more attention of system analysis.

31. Attempts to resolve this dilemma have resulted in the development of…

32. Many complex processes unfortunately, do not yield to this design procedure and have, therefore, not yet been automated.

33. Most of the methods developed so far are deterministic and/or probabilistic in nature.

34. The central issue in all these studies is to…

35. The problem of xx has been studied by other investigators, however, these studies have been based upon classical statistical approaches.

36. Applied …techniques to…

37. Characterized the …system as…

38. Developed an algorithm to…

39. Developed a system called …which…

40. Uses an iterative algorithm to deduce…

41. Emphasized the need to…

42. Identifies six key issues surrounding high technology…

43. A comprehensive study of the … has been undertaken…

44. Much work has been reported recently in these filed…

45. Proposed/Presented/State that/Described/Illustrated/… Indicated/Has shown / showed/Address/Highlights…

46. Point out that the problem of…

47. A study on …was done / developed by…

48. Previous work, such as … and …, deal only with…

49. The approach taken by … is…

50. The system developed by … consists…

51. A paper relevant to this research was published by…

52. [ ] 's model requires consideration of…

53. [ ] 'model draws attention to evolution in human development…

54. [ ] 's model focuses on…

55. Little research has been conducted in applying …to…

56. The published information that is relevant to this research…

57. This study further shows that…

58. Their work is based on the principle of…

59. More history of … can be found in xx et al. [1979].

60. Studies have been completed to established…

61. The …studies indicated that…

62. Though application of xx in the filed of xx has proliferated in recent years, effort in analyzing xx, especially xx, is lacking.

Problem/Issue/Question

63. Unfortunately, real – world engineering problems such as manufacturing planning do not fit well with this narrowly defined model. They tend to span broad activities and require consideration of multiple aspects.

64. Remedy / solve / alleviate these problems…

65. ...is a difficult problem, yet to be adequately resolved...

66. Two major problems have yet to be addressed...

67. An unanswered question...

68. This problem in essence involves using x to obtain a solution.

69. An additional research issue to be tackled is....

70. Some important issues in developing a ... system are discussed...

71. The three prime issues can be summarized:

72. The situation leads to the problem of how to determine the...

73. There have been many attempts to...

74. It is expected to be serious barrier to...

75. It offers a simple solution in a limited domain for a complex...